Thomas Laubis · Wiebke Meyer

# Rechnen mit Rico Schnabel 3

Selbstständig das Multiplizieren und Dividieren trainieren



Name: ______________________________

Klasse: __________

Mildenberger

## Inhaltsverzeichnis

## 1 Schreibe zu jedem Bild eine Plus- und eine Malaufgabe und rechne.

2 + 2 + 2 = ______

3 · 2 = ______

______

______

______

______

______

______

## 2 Schreibe zu jedem Bild eine Malaufgabe, ihre Tauschaufgabe und rechne.

4 · 6 = ______

6 · ______

______

______

______

______

## 3 Welche Malaufgaben entdeckst du in deiner Umwelt? Male und rechne.

**1** Schreibe die 10er-Reihe vorwärts und rückwärts auf.

10, 20, ______________________________

100, 90, ______________________________

**2** Multipliziere.

a)

| | | | |
|---|---|---|---|
| 8 · 10 = ☐ | 6 · 10 = ☐ | 10 · 3 = ☐ | 10 · 9 = ☐ |
| 2 · 10 = ☐ | 10 · 10 = ☐ | 10 · 8 = ☐ | 10 · 4 = ☐ |
| 5 · 10 = ☐ | 7 · 10 = ☐ | 10 · 2 = ☐ | 10 · 6 = ☐ |
| 9 · 10 = ☐ | 4 · 10 = ☐ | 10 · 7 = ☐ | 10 · 5 = ☐ |

b)

| | | | |
|---|---|---|---|
| 60 = ☐ · 10 | 20 = ☐ · 10 | 80 = ☐ · 10 | 10 = ☐ · 10 |
| 30 = ☐ · 10 | 70 = ☐ · 10 | 50 = ☐ · 10 | 90 = ☐ · 10 |

**3** Schreibe die 5er-Reihe vorwärts und rückwärts auf.

5, 10, ______________________________

50, 45, ______________________________

**4** Multipliziere.

a)

| | | | |
|---|---|---|---|
| 5 · 5 = ☐ | 9 · 5 = ☐ | 5 · 6 = ☐ | 5 · 4 = ☐ |
| 7 · 5 = ☐ | 3 · 5 = ☐ | 5 · 2 = ☐ | 5 · 8 = ☐ |
| 1 · 5 = ☐ | 4 · 5 = ☐ | 5 · 9 = ☐ | 5 · 3 = ☐ |
| 6 · 5 = ☐ | 10 · 5 = ☐ | 5 · 5 = ☐ | 5 · 7 = ☐ |

b)

| | | | |
|---|---|---|---|
| 20 = ☐ · 5 | 50 = ☐ · 5 | 10 = ☐ · 5 | 30 = ☐ · 5 |
| 35 = ☐ · 5 | 45 = ☐ · 5 | 40 = ☐ · 5 | 25 = ☐ · 5 |

**5** Multipliziere.

| · | 1 | 2 | 5 | 10 | 0 | 4 | 8 | 3 | 6 | 9 | 7 |
|---|---|---|---|---|---|---|---|---|---|---|---|
| 5 | | | | | | | | | | | |
| 10 | | | | | | | | | | | |

**1** Schreibe die 2er-Reihe vorwärts und rückwärts auf.

2, 4, ______________________________

20, 18, ______________________________

**2** Multipliziere.

a)

| | | | |
|---|---|---|---|
| $3 \cdot 2 = \square$ | $10 \cdot 2 = \square$ | $2 \cdot 4 = \square$ | $2 \cdot 9 = \square$ |
| $9 \cdot 2 = \square$ | $5 \cdot 2 = \square$ | $2 \cdot 7 = \square$ | $2 \cdot 2 = \square$ |
| $4 \cdot 2 = \square$ | $8 \cdot 2 = \square$ | $2 \cdot 3 = \square$ | $2 \cdot 5 = \square$ |
| $6 \cdot 2 = \square$ | $7 \cdot 2 = \square$ | $2 \cdot 6 = \square$ | $2 \cdot 8 = \square$ |

b)

| | | | |
|---|---|---|---|
| $16 = \square \cdot 2$ | $20 = \square \cdot 2$ | $14 = \square \cdot 2$ | $8 = \square \cdot 2$ |
| $10 = \square \cdot 2$ | $12 = \square \cdot 2$ | $6 = \square \cdot 2$ | $18 = \square \cdot 2$ |

**3** Umkreise die Ergebniszahlen der 10er-Reihe mit Rot, der 5er-Reihe mit Blau und der 2er-Reihe mit Grün. Manche Zahlen haben mehrere Farben.

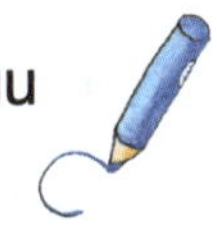

10 5 2 16 4 15 60 35 8 13 24 40 25 80 50 14 70 20 100 18 90 30 6 36 45 65 12

Welche Zahlen haben alle drei Farben? ______________________________

**Ricos Einmaleins-Training 1:** Wie viele Aufgaben schaffst du in 1 Minute?

| | | |
|---|---|---|
| $10 \cdot 10 = \square$ | $8 \cdot 2 = \square$ | $5 \cdot 4 = \square$ |
| $7 \cdot 5 = \square$ | $4 \cdot 10 = \square$ | $10 \cdot 8 = \square$ |
| $5 \cdot 10 = \square$ | $5 \cdot 5 = \square$ | $2 \cdot 6 = \square$ |
| $3 \cdot 2 = \square$ | $7 \cdot 10 = \square$ | $5 \cdot 9 = \square$ |
| $6 \cdot 5 = \square$ | $9 \cdot 2 = \square$ | $2 \cdot 7 = \square$ |

In 1 Minute habe ich ______ Aufgaben richtig gerechnet.

## 1 Dividiere.

a)

| | | | |
|---|---|---|---|
| 12 : 2 = ☐ | 2 : 2 = ☐ | ☐ : 2 = 9 | ☐ : 2 = 10 |
| 18 : 2 = ☐ | 20 : 2 = ☐ | ☐ : 2 = 7 | ☐ : 2 = 3 |
| 10 : 2 = ☐ | 8 : 2 = ☐ | ☐ : 2 = 2 | ☐ : 2 = 1 |
| 6 : 2 = ☐ | 16 : 2 = ☐ | ☐ : 2 = 4 | ☐ : 2 = 5 |

b)

| | | | |
|---|---|---|---|
| 20 : 5 = ☐ | 10 : 5 = ☐ | ☐ : 5 = 7 | ☐ : 5 = 6 |
| 45 : 5 = ☐ | 25 : 5 = ☐ | ☐ : 5 = 1 | ☐ : 5 = 3 |
| 30 : 5 = ☐ | 35 : 5 = ☐ | ☐ : 5 = 5 | ☐ : 5 = 4 |
| 15 : 5 = ☐ | 50 : 5 = ☐ | ☐ : 5 = 8 | ☐ : 5 = 10 |

c)

| | | | |
|---|---|---|---|
| 20 : 10 = ☐ | 90 : 10 = ☐ | ☐ : 10 = 5 | ☐ : 10 = 4 |
| 70 : 10 = ☐ | 60 : 10 = ☐ | ☐ : 10 = 7 | ☐ : 10 = 8 |
| 100 : 10 = ☐ | 80 : 10 = ☐ | ☐ : 10 = 1 | ☐ : 10 = 2 |
| 40 : 10 = ☐ | 30 : 10 = ☐ | ☐ : 10 = 6 | ☐ : 10 = 9 |

## 2 Male die Aufgabenkarten mit der Farbe der Ergebnisse an.

a) 1 2 3 4 5

25 : 5 | 30 : 10 | 4 : 2 | 10 : 2 | 40 : 10 | 5 : 5
10 : 10 | 8 : 2 | 15 : 5 | 6 : 2 | 20 : 5
50 : 10 | 2 : 2 | 10 : 5 | 20 : 10

b) 6 7 8 9 10

45 : 5 | 90 : 10 | 14 : 2 | 80 : 10 | 18 : 2
60 : 10 | 20 : 2 | 40 : 5 | 30 : 5 | 50 : 5
16 : 2 | 35 : 5 | 100 : 10 | 12 : 2 | 70 : 10

**1** Dividiere.

| : | 2 |
|---|---|
| 14 | |
| 6 | |
| 12 | |
| 18 | |
| 4 | |
| 16 | |
| 20 | |
| 8 | |

| : | 5 |
|---|---|
| 15 | |
| 25 | |
| 40 | |
| 35 | |
| 20 | |
| 45 | |
| 10 | |
| 30 | |

| : | 10 |
|---|---|
| 50 | |
| 90 | |
| 70 | |
| 100 | |
| 40 | |
| 80 | |
| 30 | |
| 60 | |

| : | 5 | 10 |
|---|---|---|
| 30 | | |
| 50 | | |
| 10 | | |
| 40 | | |
| 20 | | |

**2** Dividiere. Achte auf den Rest (R).

a)

| | | |
|---|---|---|
| 14 : 2 = 7 R 0 | 9 : 2 = R | 18 : 2 = R |
| 15 : 2 = 7 R 1 | 10 : 2 = R | 19 : 2 = R |
| 16 : 2 = 8 R | 11 : 2 = R | 20 : 2 = R |
| 17 : 2 = R | 12 : 2 = R | 21 : 2 = R |

b)

| | | |
|---|---|---|
| 20 : 5 = R | 33 : 5 = R | 45 : 5 = R |
| 21 : 5 = R | 35 : 5 = R | 47 : 5 = R |
| 22 : 5 = R | 37 : 5 = R | 48 : 5 = R |
| 23 : 5 = R | 39 : 5 = R | 50 : 5 = R |

c)

| | | |
|---|---|---|
| 80 : 10 = R | 28 : 10 = R | 63 : 10 = R |
| 82 : 10 = R | 29 : 10 = R | 73 : 10 = R |
| 84 : 10 = R | 30 : 10 = R | 83 : 10 = R |
| 86 : 10 = R | 31 : 10 = R | 93 : 10 = R |

**1** Schreibe die 4er-Reihe vorwärts und rückwärts auf.

4, 8, ______________________________

40, 36, ______________________________

**2** Multipliziere.

a)

| | | | |
|---|---|---|---|
| 4 · 4 = ☐ | 6 · 4 = ☐ | 4 · 5 = ☐ | 4 · 7 = ☐ |
| 7 · 4 = ☐ | 8 · 4 = ☐ | 4 · 3 = ☐ | 4 · 4 = ☐ |
| 5 · 4 = ☐ | 3 · 4 = ☐ | 4 · 8 = ☐ | 4 · 9 = ☐ |
| 10 · 4 = ☐ | 9 · 4 = ☐ | 4 · 2 = ☐ | 4 · 6 = ☐ |

b)

| | | | |
|---|---|---|---|
| 8 = ☐ · 4 | 20 = ☐ · 4 | 28 = ☐ · 4 | 32 = ☐ · 4 |
| 24 = ☐ · 4 | 12 = ☐ · 4 | 40 = ☐ · 4 | 16 = ☐ · 4 |

**3** Schreibe die 8er-Reihe vorwärts und rückwärts auf.

8, 16, ______________________________

80, 72, ______________________________

**4** Multipliziere.

a)

| | | | |
|---|---|---|---|
| 5 · 8 = ☐ | 9 · 8 = ☐ | 8 · 4 = ☐ | 8 · 8 = ☐ |
| 7 · 8 = ☐ | 3 · 8 = ☐ | 8 · 7 = ☐ | 8 · 6 = ☐ |
| 1 · 8 = ☐ | 4 · 8 = ☐ | 8 · 9 = ☐ | 8 · 3 = ☐ |
| 6 · 8 = ☐ | 10 · 8 = ☐ | 8 · 5 = ☐ | 8 · 2 = ☐ |

b)

| | | | |
|---|---|---|---|
| 24 = ☐ · 8 | 56 = ☐ · 8 | 48 = ☐ · 8 | 40 = ☐ · 8 |
| 72 = ☐ · 8 | 32 = ☐ · 8 | 64 = ☐ · 8 | 16 = ☐ · 8 |

**5** Multipliziere.

| · | 2 | 1 | 10 | 5 | 0 | 3 | 6 | 9 | 7 | 4 | 8 |
|---|---|---|---|---|---|---|---|---|---|---|---|
| 4 | | | | | | | | | | | |
| 8 | | | | | | | | | | | |

**1** Multipliziere.

a) · 2: 6, 2, 9, 4, 5, 7, 3, 8 — 16

b) · 4: 3, 7, 4, 9, 6, 2, 5, 8

c) · 8: 7, 3, 2, 4, 9, 6, 8, 5

d) · 2: 6, 10, 20, 12, 16, 8, 14, 18 — 9

e) · 4: 12, 28, 20, 36, 16, 32, 24, 40

f) · 8: 48, 32, 80, 56, 40, 64, 24, 72

**Ricos Einmaleins-Training 2:** Wie viele Aufgaben schaffst du in 1 Minute?

| | | |
|---|---|---|
| 6 · 4 = | 8 · 8 = | 8 · 4 = |
| 2 · 8 = | 4 · 4 = | 4 · 5 = |
| 9 · 4 = | 5 · 8 = | 4 · 3 = |
| 3 · 8 = | 10 · 4 = | 7 · 2 = |
| 7 · 4 = | 9 · 8 = | 8 · 6 = |

In 1 Minute habe ich ______ Aufgaben richtig gerechnet.

## 1 Dividiere.

a)

| | | | |
|---|---|---|---|
| 12 : 4 = ☐ | 8 : 4 = ☐ | ☐ : 4 = 4 | ☐ : 4 = 1 |
| 36 : 4 = ☐ | 24 : 4 = ☐ | ☐ : 4 = 7 | ☐ : 4 = 3 |
| 32 : 4 = ☐ | 16 : 4 = ☐ | ☐ : 4 = 2 | ☐ : 4 = 10 |
| 20 : 4 = ☐ | 28 : 4 = ☐ | ☐ : 4 = 9 | ☐ : 4 = 5 |

b)

| | | | |
|---|---|---|---|
| 16 : 8 = ☐ | 32 : 8 = ☐ | ☐ : 8 = 7 | ☐ : 8 = 3 |
| 72 : 8 = ☐ | 64 : 8 = ☐ | ☐ : 8 = 5 | ☐ : 8 = 6 |
| 48 : 8 = ☐ | 40 : 8 = ☐ | ☐ : 8 = 1 | ☐ : 8 = 4 |
| 24 : 8 = ☐ | 56 : 8 = ☐ | ☐ : 8 = 8 | ☐ : 8 = 10 |

## 2 Verbinde die Aufgabenkarten mit dem passenden Ergebnis.

| | | |
|---|---|---|
| 12 : 4 | 1 | 16 : 8 |
| 4 : 4 | 2 | 32 : 8 |
| 16 : 4 | 3 | 8 : 8 |
| 8 : 4 | 4 | 24 : 8 |
| 28 : 4 | 5 | 48 : 8 |
| 20 : 4 | 6 | 72 : 8 |
| 24 : 4 | 7 | 40 : 8 |
| 40 : 4 | 8 | 56 : 8 |
| 32 : 4 | 9 | 80 : 8 |
| 36 : 4 | 10 | 64 : 8 |

# Geteiltaufgaben mit 4 und 8 (mit Rest)

**1** Dividiere.

| : | 4 |
|---|---|
| 36 | |
| 24 | |
| 8 | |
| 28 | |
| 16 | |
| 32 | |
| 12 | |
| 20 | |

| : | 8 |
|---|---|
| 32 | |
| 40 | |
| 80 | |
| 56 | |
| 24 | |
| 72 | |
| 48 | |
| 64 | |

| : | 4 | 8 |
|---|---|---|
| 40 | | |
| 24 | | |
| 8 | | |
| 32 | | |
| 16 | | |

**2** Dividiere. Achte auf den Rest (R).

a)

| | | | | | |
|---|---|---|---|---|---|
| 8 : 4 = 2 | R 0 | 16 : 4 = | R | 19 : 4 = | R |
| 9 : 4 = 2 | R 1 | 18 : 4 = | R | 23 : 4 = | R |
| 10 : 4 = | R | 20 : 4 = | R | 27 : 4 = | R |
| 11 : 4 = | R | 22 : 4 = | R | 31 : 4 = | R |
| 12 : 4 = | R | 24 : 4 = | R | 35 : 4 = | R |
| 13 : 4 = | R | 26 : 4 = | R | 39 : 4 = | R |

b)

| | | | | | |
|---|---|---|---|---|---|
| 16 : 8 = | R | 54 : 8 = | R | 26 : 8 = | R |
| 17 : 8 = | R | 56 : 8 = | R | 34 : 8 = | R |
| 18 : 8 = | R | 58 : 8 = | R | 42 : 8 = | R |
| 19 : 8 = | R | 60 : 8 = | R | 49 : 8 = | R |
| 20 : 8 = | R | 62 : 8 = | R | 57 : 8 = | R |
| 21 : 8 = | R | 64 : 8 = | R | 65 : 8 = | R |

**1** Schreibe die 3er-Reihe vorwärts und rückwärts auf.

3, 6, ______

30, 27, ______

**2** Multipliziere.

a)
3 · 3 = ☐ | 7 · 3 = ☐ | 3 · 8 = ☐ | 3 · 9 = ☐
6 · 3 = ☐ | 10 · 3 = ☐ | 3 · 2 = ☐ | 3 · 4 = ☐
5 · 3 = ☐ | 4 · 3 = ☐ | 3 · 7 = ☐ | 3 · 6 = ☐
8 · 3 = ☐ | 9 · 3 = ☐ | 3 · 5 = ☐ | 3 · 3 = ☐

b)
9 = ☐ · 3 | 15 = ☐ · 3 | 27 = ☐ · 3 | 18 = ☐ · 3
30 = ☐ · 3 | 21 = ☐ · 3 | 12 = ☐ · 3 | 24 = ☐ · 3

**3** Schreibe die 6er-Reihe vorwärts und rückwärts auf.

6, 12, ______

60, 54, ______

**4** Multipliziere.

a)
4 · 6 = ☐ | 6 · 6 = ☐ | 6 · 7 = ☐ | 6 · 4 = ☐
7 · 6 = ☐ | 9 · 6 = ☐ | 6 · 8 = ☐ | 6 · 9 = ☐
3 · 6 = ☐ | 10 · 6 = ☐ | 6 · 2 = ☐ | 6 · 5 = ☐
8 · 6 = ☐ | 5 · 6 = ☐ | 6 · 6 = ☐ | 6 · 3 = ☐

b)
24 = ☐ · 6 | 54 = ☐ · 6 | 18 = ☐ · 6 | 36 = ☐ · 6
42 = ☐ · 6 | 30 = ☐ · 6 | 60 = ☐ · 6 | 48 = ☐ · 6

**5** Multipliziere.

| • | 1 | 2 | 5 | 10 | 0 | 4 | 8 | 3 | 6 | 9 | 7 |
|---|---|---|---|---|---|---|---|---|---|---|---|
| 3 | | | | | | | | | | | |
| 6 | | | | | | | | | | | |

## Einmaleins mit 3, 6 und 9

**1** Schreibe die 9er-Reihe vorwärts und rückwärts auf.

9, 18, ______________________________

90, 81, ______________________________

**2** Multipliziere.

a)

| | | | |
|---|---|---|---|
| 8 · 9 = ☐ | 3 · 9 = ☐ | 9 · 2 = ☐ | 9 · 3 = ☐ |
| 5 · 9 = ☐ | 7 · 9 = ☐ | 9 · 8 = ☐ | 9 · 6 = ☐ |
| 9 · 9 = ☐ | 4 · 9 = ☐ | 9 · 5 = ☐ | 9 · 7 = ☐ |
| 6 · 9 = ☐ | 10 · 9 = ☐ | 9 · 9 = ☐ | 9 · 4 = ☐ |

b)

| | | | |
|---|---|---|---|
| 45 = ☐ · 9 | 63 = ☐ · 9 | 90 = ☐ · 9 | 36 = ☐ · 9 |
| 81 = ☐ · 9 | 27 = ☐ · 9 | 54 = ☐ · 9 | 72 = ☐ · 9 |

**3** Male die Aufgabenkarten mit der Farbe der Ergebnisse an. 3 Karten bleiben weiß.

18 27 36 54

4 · 9 5 · 6 9 · 3 3 · 6 3 · 9

6 · 3 6 · 6 8 · 3 9 · 4

2 · 9 9 · 9 9 · 2

9 · 6 6 · 9

**Ricos Einmaleins-Training 3:** Wie viele Aufgaben schaffst du in 1 Minute?

| | | |
|---|---|---|
| 8 · 3 = ☐ | 4 · 6 = ☐ | 6 · 8 = ☐ |
| 4 · 9 = ☐ | 10 · 9 = ☐ | 3 · 9 = ☐ |
| 5 · 6 = ☐ | 7 · 3 = ☐ | 9 · 7 = ☐ |
| 7 · 9 = ☐ | 6 · 6 = ☐ | 6 · 9 = ☐ |
| 6 · 3 = ☐ | 9 · 9 = ☐ | 3 · 5 = ☐ |

In 1 Minute habe ich ______ Aufgaben richtig gerechnet.

**1** Dividiere.

| | | | |
|---|---|---|---|
| a) 12 : 3 = ☐ | 9 : 3 = ☐ | 30 : 3 = ☐ | 15 : 3 = ☐ |
| 18 : 3 = ☐ | 24 : 3 = ☐ | 21 : 3 = ☐ | 27 : 3 = ☐ |
| b) 36 : 6 = ☐ | 12 : 6 = ☐ | 48 : 6 = ☐ | 30 : 6 = ☐ |
| 54 : 6 = ☐ | 60 : 6 = ☐ | 18 : 6 = ☐ | 42 : 6 = ☐ |
| c) 90 : 9 = ☐ | 81 : 9 = ☐ | 36 : 9 = ☐ | 45 : 9 = ☐ |
| 27 : 9 = ☐ | 63 : 9 = ☐ | 54 : 9 = ☐ | 72 : 9 = ☐ |

**2** Dividiere. Male die Zahlenfelder im Bild in den passenden Farben an.

| | | | |
|---|---|---|---|
| ☐ : 3 = 4 | ☐ : 6 = 7 | ☐ : 9 = 2 | ☐ : 6 = 10 |
| ☐ : 3 = 7 | ☐ : 6 = 9 | ☐ : 9 = 7 | ☐ : 3 = 5 |
| ☐ : 3 = 2 | ☐ : 6 = 1 | ☐ : 9 = 8 | ☐ : 9 = 9 |
| ☐ : 3 = 9 | ☐ : 6 = 8 | ☐ : 9 = 4 | ☐ : 6 = 5 |
| ☐ : 3 = 1 | ☐ : 6 = 3 | ☐ : 9 = 1 | ☐ : 9 = 10 |
| ☐ : 3 = 3 | ☐ : 6 = 6 | ☐ : 9 = 5 | ☐ : 3 = 8 |

**1** Dividiere.

| : | 3 |
|---|---|
| 24 | |
| 9 | |
| 27 | |
| 6 | |
| 15 | |
| 21 | |
| 30 | |
| 18 | |
| 12 | |

| : | 6 |
|---|---|
| 42 | |
| 12 | |
| 60 | |
| 24 | |
| 36 | |
| 54 | |
| 18 | |
| 30 | |
| 48 | |

| : | 9 |
|---|---|
| 90 | |
| 45 | |
| 63 | |
| 18 | |
| 54 | |
| 27 | |
| 81 | |
| 36 | |
| 72 | |

| : | 6 | 9 |
|---|---|---|
| 36 | | |
| 54 | | |
| 18 | | |

| : | 3 | 6 |
|---|---|---|
| | 4 | |
| 30 | | |
| | | 4 |
| 18 | | |

**2** Dividiere. Achte auf den Rest (R).

| | | | |
|---|---|---|---|
| a) | 9 : 3 = ☐ R ☐ | 16 : 3 = ☐ R ☐ | 24 : 3 = ☐ R ☐ |
| | 10 : 3 = ☐ R ☐ | 19 : 3 = ☐ R ☐ | 26 : 3 = ☐ R ☐ |
| | 11 : 3 = ☐ R ☐ | 22 : 3 = ☐ R ☐ | 28 : 3 = ☐ R ☐ |
| | 12 : 3 = ☐ R ☐ | 25 : 3 = ☐ R ☐ | 30 : 3 = ☐ R ☐ |
| b) | 18 : 6 = ☐ R ☐ | 54 : 6 = ☐ R ☐ | 33 : 6 = ☐ R ☐ |
| | 19 : 6 = ☐ R ☐ | 56 : 6 = ☐ R ☐ | 40 : 6 = ☐ R ☐ |
| | 23 : 6 = ☐ R ☐ | 58 : 6 = ☐ R ☐ | 47 : 6 = ☐ R ☐ |
| | 24 : 6 = ☐ R ☐ | 60 : 6 = ☐ R ☐ | 48 : 6 = ☐ R ☐ |
| c) | 27 : 9 = ☐ R ☐ | 45 : 9 = ☐ R ☐ | 49 : 9 = ☐ R ☐ |
| | 30 : 9 = ☐ R ☐ | 50 : 9 = ☐ R ☐ | 58 : 9 = ☐ R ☐ |
| | 33 : 9 = ☐ R ☐ | 55 : 9 = ☐ R ☐ | 76 : 9 = ☐ R ☐ |
| | 36 : 9 = ☐ R ☐ | 60 : 9 = ☐ R ☐ | 85 : 9 = ☐ R ☐ |

**1** Schreibe die 7er-Reihe vorwärts und rückwärts auf.

7, 14, ____________________

70, 63, ____________________

**2** Multipliziere.

a)

| | | | |
|---|---|---|---|
| $2 \cdot 7 = \square$ | $3 \cdot 7 = \square$ | $7 \cdot 1 = \square$ | $7 \cdot 5 = \square$ |
| $4 \cdot 7 = \square$ | $8 \cdot 7 = \square$ | $7 \cdot 4 = \square$ | $7 \cdot 3 = \square$ |
| $5 \cdot 7 = \square$ | $9 \cdot 7 = \square$ | $7 \cdot 8 = \square$ | $7 \cdot 2 = \square$ |
| $6 \cdot 7 = \square$ | $10 \cdot 7 = \square$ | $7 \cdot 7 = \square$ | $7 \cdot 9 = \square$ |

b)

| | | | |
|---|---|---|---|
| $28 = \square \cdot 7$ | $7 = \square \cdot 7$ | $14 = \square \cdot 7$ | $35 = \square \cdot 7$ |
| $42 = \square \cdot 7$ | $49 = \square \cdot 7$ | $63 = \square \cdot 7$ | $21 = \square \cdot 7$ |

**3** Ergänze.

a)

| oben | unten links | unten rechts |
|---|---|---|
| 7 | 3 | 4 |
| 5 | 7 | 6 |
| 8 | 2 | 7 |
| 4 | 7 | 9 |

b)

| Kasten links | oben | unten links | unten rechts | Kasten rechts | Kasten unten |
|---|---|---|---|---|---|
| 32 | 8 | | 7 | | |
| 63 | | 9 | | 14 | |
| 42 | 6 | | 3 | | |
| 56 | | | 5 | | 35 |

**Ricos Einmaleins-Training 4:** Wie viele Aufgaben schaffst du in 1 Minute?

| | | |
|---|---|---|
| $3 \cdot 4 = \square$ | $9 \cdot 6 = \square$ | $5 \cdot 7 = \square$ |
| $8 \cdot 2 = \square$ | $4 \cdot 8 = \square$ | $6 \cdot 2 = \square$ |
| $5 \cdot 5 = \square$ | $7 \cdot 4 = \square$ | $9 \cdot 3 = \square$ |
| $8 \cdot 7 = \square$ | $2 \cdot 9 = \square$ | $7 \cdot 8 = \square$ |
| $6 \cdot 3 = \square$ | $3 \cdot 6 = \square$ | $4 \cdot 5 = \square$ |

In 1 Minute habe ich ______ Aufgaben richtig gerechnet.

**1** Dividiere.

21 : 7 = ___ 
42 : 7 = ___ 
63 : 7 = ___ 
70 : 7 = ___

14 : 7 = ___ 
28 : 7 = ___ 
49 : 7 = ___ 
56 : 7 = ___

___ : 7 = 5 
___ : 7 = 7 
___ : 7 = 1 
___ : 7 = 4

___ : 7 = 6 
___ : 7 = 3 
___ : 7 = 8 
___ : 7 = 10

**2** Schreibe immer 4 Aufgaben.

5 | 7 | 35

___ · ___ = ___ 
___ · ___ = ___ 
___ : ___ = ___ 
___ : ___ = ___

14 | 2 | 7

___ · ___ = ___ 
___ · ___ = ___ 
___ : ___ = ___ 
___ : ___ = ___

7 | 63 | 9

___ · ___ = ___ 
___ · ___ = ___ 
___ : ___ = ___ 
___ : ___ = ___

**3** Finde zuerst die fehlende Zahl. Schreibe dann 4 Aufgaben.

7 | 6 | ___

___ · ___ = ___ 
___ · ___ = ___ 
___ : ___ = ___ 
___ : ___ = ___

56 | ___ | 7

___ · ___ = ___ 
___ · ___ = ___ 
___ : ___ = ___ 
___ : ___ = ___

___ | 28 | 4

___ · ___ = ___ 
___ · ___ = ___ 
___ : ___ = ___ 
___ : ___ = ___

**4** Dividiere. Achte auf den Rest (R).

14 : 7 = ___ R ___ 
15 : 7 = ___ R ___ 
16 : 7 = ___ R ___

35 : 7 = ___ R ___ 
36 : 7 = ___ R ___ 
37 : 7 = ___ R ___

49 : 7 = ___ R ___ 
50 : 7 = ___ R ___ 
51 : 7 = ___ R ___

28 : 7 = ___ R ___ 
30 : 7 = ___ R ___ 
32 : 7 = ___ R ___

42 : 7 = ___ R ___ 
45 : 7 = ___ R ___ 
48 : 7 = ___ R ___

21 : 7 = ___ R ___ 
23 : 7 = ___ R ___ 
26 : 7 = ___ R ___

**1** Finde zu jeder Kernaufgabe eine Nachbaraufgabe.

| | | | |
|---|---|---|---|
| 1 · 6 = ☐ | 2 · 6 = ☐ | 5 · 6 = ☐ | 10 · 6 = ☐ |
| 2 · 6 = ____ | ____ | ____ | ____ |
| 1 · 3 = ☐ | 2 · 3 = ☐ | 5 · 3 = ☐ | 10 · 3 = ☐ |
| ____ | ____ | ____ | ____ |
| 1 · 8 = ☐ | 2 · 8 = ☐ | 5 · 8 = ☐ | 10 · 8 = ☐ |
| ____ | ____ | ____ | ____ |
| 1 · 7 = ☐ | 2 · 7 = ☐ | 5 · 7 = ☐ | 10 · 7 = ☐ |
| ____ | ____ | ____ | ____ |

**2** Löse die Aufgaben. Die Nachbaraufgaben helfen dir.

| | | | |
|---|---|---|---|
| 4 · 3 = ☐ | 2 · 7 = ☐ | 3 · 4 = ☐ | 6 · 5 = ☐ |
| 6 · 3 = ☐ | 6 · 7 = ☐ | 9 · 4 = ☐ | 4 · 5 = ☐ |
| 2 · 3 = ☐ | 3 · 7 = ☐ | 4 · 4 = ☐ | 9 · 5 = ☐ |
| 9 · 3 = ☐ | 9 · 7 = ☐ | 6 · 4 = ☐ | 2 · 5 = ☐ |
| 3 · 3 = ☐ | 4 · 7 = ☐ | 2 · 4 = ☐ | 3 · 5 = ☐ |

**3** Schreibe alle Quadrataufgaben auf.

| | | | |
|---|---|---|---|
| 1 · 1 = ____ | 2 · 2 = ____ | ____ | ____ |
| ____ | ____ | ____ | ____ |
| ____ | ____ | | |

**4** Löse die Aufgaben. Die Quadrataufgaben helfen dir.

| | | |
|---|---|---|
| 4 · 5 = ☐ | 8 · 7 = ☐ | 6 · 7 = ☐ |
| 8 · 9 = ☐ | 4 · 3 = ☐ | 2 · 1 = ☐ |
| 7 · 6 = ☐ | 5 · 4 = ☐ | 7 · 8 = ☐ |
| 2 · 3 = ☐ | 6 · 5 = ☐ | 3 · 4 = ☐ |
| 5 · 6 = ☐ | 9 · 8 = ☐ | 9 · 10 = ☐ |

**1** Rechne und schreibe zu jeder Aufgabe ihre Umkehraufgabe.

| | | | |
|---|---|---|---|
| 6 · 3 = 18 | 7 · 2 = ☐ | 5 · 8 = ☐ | 3 · 4 = ☐ |
| 18 : 3 = 6 | ______ | ______ | ______ |
| 63 : 7 = ☐ | 24 : 6 = ☐ | 45 : 5 = ☐ | 72 : 9 = ☐ |
| ______ | ______ | ______ | ______ |

**2** Löse die Aufgaben mithilfe der Umkehraufgaben.

| | | | |
|---|---|---|---|
| ☐ : 5 = 6 | ☐ : 8 = 4 | ☐ · 4 = 16 | ☐ · 3 = 15 |
| ☐ : 3 = 9 | ☐ : 6 = 5 | ☐ · 9 = 27 | ☐ · 6 = 54 |
| ☐ : 7 = 3 | ☐ : 9 = 7 | ☐ · 5 = 35 | ☐ · 2 = 14 |
| ☐ : 4 = 2 | ☐ : 2 = 8 | ☐ · 8 = 48 | ☐ · 7 = 56 |

**3** Multipliziere mit 10 und nimm dann von jedem Zehner einen Einer weg.

| | |
|---|---|
| 1 · 9 = 1 · 10 – 1 = ☐ | 7 · 9 = ______ = ☐ |
| 6 · 9 = 6 · 10 – 6 = ☐ | 9 · 9 = ______ = ☐ |
| 2 · 9 = ______ = ☐ | 5 · 9 = ______ = ☐ |
| 8 · 9 = ______ = ☐ | 3 · 9 = ______ = ☐ |
| 4 · 9 = ______ = ☐ | 10 · 9 = ______ = ☐ |

**4** Aufgabe oder Tauschaufgabe?
Multipliziere und kreuze an, welche Aufgabe du einfacher findest.

| | | | |
|---|---|---|---|
| 4 · 8 = ☐ ◯ | 5 · 7 = ☐ ◯ | 6 · 3 = ☐ ◯ | 8 · 4 = ☐ ◯ |
| 8 · 4 = ☐ ◯ | 7 · 5 = ☐ ◯ | 3 · 6 = ☐ ◯ | 4 · 8 = ☐ ◯ |
| 6 · 5 = ☐ ◯ | 9 · 2 = ☐ ◯ | 7 · 6 = ☐ ◯ | 3 · 9 = ☐ ◯ |
| 5 · 6 = ☐ ◯ | 2 · 9 = ☐ ◯ | 6 · 7 = ☐ ◯ | 9 · 3 = ☐ ◯ |

**5** Multipliziere. Denke an die Tauschaufgabe.

| | | | |
|---|---|---|---|
| 2 · 9 = ☐ | 9 · 4 = ☐ | 6 · 7 = ☐ | 8 · 6 = ☐ |
| 3 · 6 = ☐ | 7 · 3 = ☐ | 3 · 5 = ☐ | 6 · 9 = ☐ |
| 5 · 8 = ☐ | 8 · 2 = ☐ | 4 · 6 = ☐ | 5 · 7 = ☐ |

**1** Rechne alle Aufgaben.

| · | 1 | 2 | 3 | 4 | 5 | 6 | 7 | 8 | 9 | 10 |
|---|---|---|---|---|---|---|---|---|---|---|
| 1 | 1 | 2 | 3 | | | | | | | |
| 2 | 2 | 4 | | | | | | | | |
| 3 | | | | | | | | | | |
| 4 | | | | | | | | | | |
| 5 | | | | | | | | | | |
| 6 | | | | | | | | | | |
| 7 | | | | | | | | | | |
| 8 | | | | | | | | | | |
| 9 | | | | | | | | | | |
| 10 | | | | | | | | | | |

**2** Multipliziere.

4 · 6 = ☐
2 · 6 = ☐
8 · 6 = ☐
5 · 6 = ☐
6 · 6 = ☐

7 · 4 = ☐
3 · 4 = ☐
9 · 4 = ☐
6 · 4 = ☐
4 · 4 = ☐

8 · 3 = ☐
4 · 3 = ☐
6 · 3 = ☐
2 · 3 = ☐
7 · 3 = ☐

5 · 5 = ☐
2 · 5 = ☐
8 · 5 = ☐
9 · 5 = ☐
4 · 5 = ☐

3 · 2 = ☐
6 · 2 = ☐
9 · 2 = ☐
2 · 2 = ☐
7 · 2 = ☐

2 · 9 = ☐
7 · 9 = ☐
4 · 9 = ☐
9 · 9 = ☐
5 · 9 = ☐

6 · 7 = ☐
2 · 7 = ☐
5 · 7 = ☐
7 · 7 = ☐
8 · 7 = ☐

4 · 8 = ☐
6 · 8 = ☐
3 · 8 = ☐
9 · 8 = ☐
5 · 8 = ☐

**1** Multipliziere.

| · | 3 | 5 | 7 | 9 |
|---|---|---|---|---|
| 2 | | | | |
| 5 | | | | |

| · | 2 | 3 | 6 | 8 | 9 | 10 |
|---|---|---|---|---|---|---|
| 4 | | | | | | |
| 8 | | | | | | |

| · | 2 | 4 | 6 | 8 |
|---|---|---|---|---|
| 3 | | | | |
| 7 | | | | |

| · | 1 | 3 | 5 | 7 | 8 | 9 |
|---|---|---|---|---|---|---|
| 6 | | | | | | |
| 9 | | | | | | |

**2** Ergänze.

| · | 3 | | 7 | |
|---|---|---|---|---|
| 6 | | 30 | | |
| 4 | | | | 36 |

| · | 4 | | 7 | |
|---|---|---|---|---|
| | 20 | | | 40 |
| 8 | | 40 | | |

| · | 9 | 3 |
|---|---|---|
| | 81 | |
| 7 | | |
| | | 6 |
| 6 | | |
| | 27 | |
| 4 | | |

| · | 7 | |
|---|---|---|
| 5 | | |
| | 56 | |
| 3 | | |
| | | 18 |
| 2 | | |
| | 28 | 8 |

**Ricos Einmaleins-Training 5:** Wie viele Aufgaben schaffst du in 1 Minute?

| | | |
|---|---|---|
| 4 · 6 = ☐ | 3 · 7 = ☐ | 9 · 8 = ☐ |
| 6 · 5 = ☐ | 8 · 3 = ☐ | 2 · 6 = ☐ |
| 9 · 2 = ☐ | 5 · 9 = ☐ | 4 · 3 = ☐ |
| 8 · 4 = ☐ | 7 · 5 = ☐ | 5 · 2 = ☐ |
| 2 · 8 = ☐ | 4 · 4 = ☐ | 8 · 7 = ☐ |

In 1 Minute habe ich ______ Aufgaben richtig gerechnet.

**1** Lies die Aufgabe und die Frage (F) genau. Markiere wichtige Angaben.
Finde dann einen Lösungsweg (L) und schreibe die Antwort (A) auf.

Frage (F)
Lösungsweg (L)
Antwort (A)

a) Für ihr Geburtstagsfest geht Sina dreimal in den Keller.
Jedes Mal holt sie 7 Flaschen Saftschorle.

F: Wie viele Flaschen holt Sina insgesamt?

L: $3 \cdot 7 =$ ______

A: ______

______

b) Emil geht seit 6 Wochen in die Bibliothek.
Jede Woche leiht er sich 3 Bücher aus.

F: Wie viele Bücher hat Emil bisher ausgeliehen?

L: ______

A: ______

______

c) Merle sammelt Fußballkarten.
Auf jede Seite in ihrem Album klebt sie 8 Karten.
5 Seiten hat sie schon voll.

F: Wie viele Fußballkarten hat Merle schon aufgeklebt?

L: ______

A: ______

______

d) Im Fahrradgeschäft ist viel los.
Von Montag bis Samstag werden jeden Tag 4 Fahrräder verkauft.

F: Wie viele Fahrräder verkauft das Geschäft in dieser Woche?

L: ______

A: ______

______

**1** Lies die Aufgabe genau und finde eine Frage (F). Markiere wichtige Angaben.
Finde dann einen Lösungsweg (L) und schreibe die Antwort (A) auf.

a) Herr Yazi wechselt die Räder an seinem Auto.
Für jedes Rad braucht er 5 Schrauben.

F: ______________________________

L: ______________

A: ______________________________

b) Frau Meiser verlegt neue Teppichfliesen im Kinderzimmer.
In eine Reihe passen immer 8 Fliesen.
Nach 7 Reihen ist der Boden fertig.

F: ______________________________

L: ______________

A: ______________________________

c) In der Bäckerei liegen 2 Backbleche.
Auf einem Blech sind 4 Reihen mit Sesambrötchen,
in jeder Reihe liegen 3 Brötchen.
Auf dem anderen Blech liegen 5 Reihen mit Roggenbrötchen,
in jeder Reihe liegen 6 Brötchen.

F: ______________________________

L: ______________

______________

______________

A: ______________________________

d) Die Lehrerin hängt die Bilder der Kinder an Pinnwänden auf.
An einer Pinnwand hängt sie 3 Bilder in eine Reihe, es haben 2 Reihen Platz.
Die Lehrerin braucht für alle Bilder 4 Pinnwände.

F: ______________________________

L: ______________

______________

A: ______________________________

**1** Lies die Aufgabe und die Frage (F) genau. Markiere wichtige Angaben.
Finde dann einen Lösungsweg (L) und schreibe die Antwort (A) auf.

a) Sara hat 15 Spielzeugautos.
Sie packt immer 3 in einen Karton.

F: Wie viele Kartons braucht Sara?

L: 15 : 3 = ____________________

A: ________________________________________

b) Luis backt 24 Schokokekse.
Auf dem Backblech liegen immer 4 Kekse in einer Reihe.

F: Wie viele Reihen mit Keksen legt Luis?

L: ____________________

A: ________________________________________

c) Die Drittklasskinder räumen die Klassenbücherei auf.
42 Bücher tauschen sie mit der Nachbarklasse.
Jedes Kind trägt 7 Bücher.

F: Wie viele Kinder tragen Bücher?

L: ____________________

A: ________________________________________

d) Ayse isst gern Gummibären.
In der Dose sind noch 35 Gummibären.
Jeden Tag isst sie 5 Gummibären.

F: Wie viele Tage kann Ayse noch Gummibären essen?

L: ____________________

A: ________________________________________

## Plus- und Malaufgaben

**1** Schreibe zu jedem Bild eine Plus- und eine Malaufgabe und rechne.

2 + 2 + 2 = 6
3 · 2 = 6

5 + 5 + 5 + 5 + 5 + 5 + 5 = 35
7 · 5 = 35

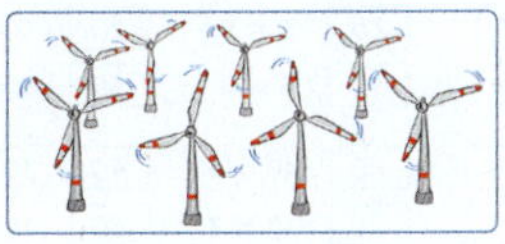

3 + 3 + 3 + 3 + 3 + 3 + 3 + 3 = 24
8 · 3 = 24

4 + 4 + 4 + 4 + 4 = 20
5 · 4 = 20

**2** Schreibe zu jedem Bild eine Malaufgabe, ihre Tauschaufgabe und rechne.

4 · 6 = 24
6 · 4 = 24

3 · 4 = 12
4 · 3 = 12

3 · 3 = 9
3 · 3 = 9

* **3** Welche Malaufgaben entdeckst du in deiner Umwelt? Male und rechne.



* Individuelle Lösung



## Einmaleins mit 5 und 10

**1** Schreibe die 10er-Reihe vorwärts und rückwärts auf.

10, 20, 30, 40, 50, 60, 70, 80, 90, 100
100, 90, 80, 70, 60, 50, 40, 30, 20, 10

**2** Multipliziere.

a)

| | | | |
|---|---|---|---|
| 8 · 10 = 80 | 6 · 10 = 60 | 10 · 3 = 30 | 10 · 9 = 90 |
| 2 · 10 = 20 | 10 · 10 = 100 | 10 · 8 = 80 | 10 · 4 = 40 |
| 5 · 10 = 50 | 7 · 10 = 70 | 10 · 2 = 20 | 10 · 6 = 60 |
| 9 · 10 = 90 | 4 · 10 = 40 | 10 · 7 = 70 | 10 · 5 = 50 |

b)

| | | | |
|---|---|---|---|
| 60 = 6 · 10 | 20 = 2 · 10 | 80 = 8 · 10 | 10 = 1 · 10 |
| 30 = 3 · 10 | 70 = 7 · 10 | 50 = 5 · 10 | 90 = 9 · 10 |

**3** Schreibe die 5er-Reihe vorwärts und rückwärts auf.

5, 10, 15, 20, 25, 30, 35, 40, 45, 50
50, 45, 40, 35, 30, 25, 20, 15, 10, 5

**4** Multipliziere.

a)

| | | | |
|---|---|---|---|
| 5 · 5 = 25 | 9 · 5 = 45 | 5 · 6 = 30 | 5 · 4 = 20 |
| 7 · 5 = 35 | 3 · 5 = 15 | 5 · 2 = 10 | 5 · 8 = 40 |
| 1 · 5 = 5 | 4 · 5 = 20 | 5 · 9 = 45 | 5 · 3 = 15 |
| 6 · 5 = 30 | 10 · 5 = 50 | 5 · 5 = 25 | 5 · 7 = 35 |

b)

| | | | |
|---|---|---|---|
| 20 = 4 · 5 | 50 = 10 · 5 | 10 = 2 · 5 | 30 = 6 · 5 |
| 35 = 7 · 5 | 45 = 9 · 5 | 40 = 8 · 5 | 25 = 5 · 5 |

**5** Multipliziere.

| · | 1 | 2 | 5 | 10 | 0 | 4 | 8 | 3 | 6 | 9 | 7 |
|---|---|---|---|---|---|---|---|---|---|---|---|
| 5 | 5 | 10 | 25 | 50 | 0 | 20 | 40 | 15 | 30 | 45 | 35 |
| 10 | 10 | 20 | 50 | 100 | 0 | 40 | 80 | 30 | 60 | 90 | 70 |



## Einmaleins mit 2, 5 und 10

**1** Schreibe die 2er-Reihe vorwärts und rückwärts auf.

2, 4, 6, 8, 10, 12, 14, 16, 18, 20
20, 18, 16, 14, 12, 10, 8, 6, 4, 2

**2** Multipliziere.

a)

| | | | |
|---|---|---|---|
| 3 · 2 = 6 | 10 · 2 = 20 | 2 · 4 = 8 | 2 · 9 = 18 |
| 9 · 2 = 18 | 5 · 2 = 10 | 2 · 7 = 14 | 2 · 2 = 4 |
| 4 · 2 = 8 | 8 · 2 = 16 | 2 · 3 = 6 | 2 · 5 = 10 |
| 6 · 2 = 12 | 7 · 2 = 14 | 2 · 6 = 12 | 2 · 8 = 16 |

b)

| | | | |
|---|---|---|---|
| 16 = 8 · 2 | 20 = 10 · 2 | 14 = 7 · 2 | 8 = 4 · 2 |
| 10 = 5 · 2 | 12 = 6 · 2 | 6 = 3 · 2 | 18 = 9 · 2 |

* **3** Umkreise die Ergebniszahlen der 10er-Reihe mit Rot, der 5er-Reihe mit Blau und der 2er-Reihe mit Grün. Manche Zahlen haben mehrere Farben.

10 5 16 13 4 15 60 24 40 8 35 2 70 14 100 25 80 18 90 20 50 36 45 30 6 65 12

Welche Zahlen haben alle drei Farben? 10, 20

**Ricos Einmaleins-Training 1:** Wie viele Aufgaben schaffst du in 1 Minute?

| | | |
|---|---|---|
| 10 · 10 = 100 | 8 · 2 = 16 | 5 · 4 = 20 |
| 7 · 5 = 35 | 4 · 10 = 40 | 10 · 8 = 80 |
| 5 · 10 = 50 | 5 · 5 = 25 | 2 · 6 = 12 |
| 3 · 2 = 6 | 7 · 10 = 70 | 5 · 9 = 45 |
| 6 · 5 = 30 | 9 · 2 = 18 | 2 · 7 = 14 |

In 1 Minute habe ich ______ Aufgaben richtig gerechnet.



* Die 5er-Reihe wurde nur bis zur 50 eingekreist, die 2er-Reihe wurde nur bis zur 20 eingekreist.

## Geteiltaufgaben mit 2, 5 und 10

**1** Dividiere.

a)
12 : 2 = 6 | 2 : 2 = 1 | 18 : 2 = 9 | 20 : 2 = 10
18 : 2 = 9 | 20 : 2 = 10 | 14 : 2 = 7 | 6 : 2 = 3
10 : 2 = 5 | 8 : 2 = 4 | 4 : 2 = 2 | 2 : 2 = 1
6 : 2 = 3 | 16 : 2 = 8 | 8 : 2 = 4 | 10 : 2 = 5

b)
20 : 5 = 4 | 10 : 5 = 2 | 35 : 5 = 7 | 30 : 5 = 6
45 : 5 = 9 | 25 : 5 = 5 | 5 : 5 = 1 | 15 : 5 = 3
30 : 5 = 6 | 35 : 5 = 7 | 25 : 5 = 5 | 20 : 5 = 4
15 : 5 = 3 | 50 : 5 = 10 | 40 : 5 = 8 | 50 : 5 = 10

c)
20 : 10 = 2 | 90 : 10 = 9 | 50 : 10 = 5 | 40 : 10 = 4
70 : 10 = 7 | 60 : 10 = 6 | 70 : 10 = 7 | 80 : 10 = 8
100 : 10 = 10 | 80 : 10 = 8 | 10 : 10 = 1 | 20 : 10 = 2
40 : 10 = 4 | 30 : 10 = 3 | 60 : 10 = 6 | 90 : 10 = 9

**2** Male die Aufgabenkarten mit der Farbe der Ergebnisse an.

a) 1 | 2 | 3 | 4 | 5

25 : 5 | 30 : 10 | 4 : 2 | 10 : 2 | 40 : 10 | 5 : 5
10 : 10 | 8 : 2 | 15 : 5 | 6 : 2 | 20 : 5
50 : 10 | 2 : 2 | 10 : 5 | 20 : 10

b) 6 | 7 | 8 | 9 | 10

45 : 5 | 90 : 10 | 14 : 2 | 80 : 10 | 18 : 2
60 : 10 | 20 : 2 | 40 : 5 | 30 : 5 | 50 : 5
16 : 2 | 35 : 5 | 100 : 10 | 12 : 2 | 70 : 10



## Geteiltaufgaben mit 2, 5 und 10 (mit Rest)

**1** Dividiere.

| : | 2 |
|---|---|
| 14 | 7 |
| 6 | 3 |
| 12 | 6 |
| 18 | 9 |
| 4 | 2 |
| 16 | 8 |
| 20 | 10 |
| 8 | 4 |

| : | 5 |
|---|---|
| 15 | 3 |
| 25 | 5 |
| 40 | 8 |
| 35 | 7 |
| 20 | 4 |
| 45 | 9 |
| 10 | 2 |
| 30 | 6 |

| : | 10 |
|---|---|
| 50 | 5 |
| 90 | 9 |
| 70 | 7 |
| 100 | 10 |
| 40 | 4 |
| 80 | 8 |
| 30 | 3 |
| 60 | 6 |

| : | 5 | 10 |
|---|---|---|
| 30 | 6 | 3 |
| 50 | 10 | 5 |
| 10 | 2 | 1 |
| 40 | 8 | 4 |
| 20 | 4 | 2 |

**2** Dividiere. Achte auf den Rest (R).

a)
14 : 2 = 7 R 0 | 9 : 2 = 4 R 1 | 18 : 2 = 9 R 0
15 : 2 = 7 R 1 | 10 : 2 = 5 R 0 | 19 : 2 = 9 R 1
16 : 2 = 8 R 0 | 11 : 2 = 5 R 1 | 20 : 2 = 10 R 0
17 : 2 = 8 R 1 | 12 : 2 = 6 R 0 | 21 : 2 = 10 R 1

b)
20 : 5 = 4 R 0 | 33 : 5 = 6 R 3 | 45 : 5 = 9 R 0
21 : 5 = 4 R 1 | 35 : 5 = 7 R 0 | 47 : 5 = 9 R 2
22 : 5 = 4 R 2 | 37 : 5 = 7 R 2 | 48 : 5 = 9 R 3
23 : 5 = 4 R 3 | 39 : 5 = 7 R 4 | 50 : 5 = 10 R 0

c)
80 : 10 = 8 R 0 | 28 : 10 = 2 R 8 | 63 : 10 = 6 R 3
82 : 10 = 8 R 2 | 29 : 10 = 2 R 9 | 73 : 10 = 7 R 3
84 : 10 = 8 R 4 | 30 : 10 = 3 R 0 | 83 : 10 = 8 R 3
86 : 10 = 8 R 6 | 31 : 10 = 3 R 1 | 93 : 10 = 9 R 3



## Einmaleins mit 4 und 8

**1** Schreibe die 4er-Reihe vorwärts und rückwärts auf.

4, 8, 12, 16, 20, 24, 28, 32, 36, 40
40, 36, 32, 28, 24, 20, 16, 12, 8, 4

**2** Multipliziere.

a)
4 · 4 = 16 | 6 · 4 = 24 | 4 · 5 = 20 | 4 · 7 = 28
7 · 4 = 28 | 8 · 4 = 32 | 4 · 3 = 12 | 4 · 4 = 16
5 · 4 = 20 | 3 · 4 = 12 | 4 · 8 = 32 | 4 · 9 = 36
10 · 4 = 40 | 9 · 4 = 36 | 4 · 2 = 8 | 4 · 6 = 24

b)
8 = 2 · 4 | 20 = 5 · 4 | 28 = 7 · 4 | 32 = 8 · 4
24 = 6 · 4 | 12 = 3 · 4 | 40 = 10 · 4 | 16 = 4 · 4

**3** Schreibe die 8er-Reihe vorwärts und rückwärts auf.

8, 16, 24, 32, 40, 48, 56, 64, 72, 80
80, 72, 64, 56, 48, 40, 32, 24, 16, 8

**4** Multipliziere.

a)
5 · 8 = 40 | 9 · 8 = 72 | 8 · 4 = 32 | 8 · 8 = 64
7 · 8 = 56 | 3 · 8 = 24 | 8 · 7 = 56 | 8 · 6 = 48
1 · 8 = 8 | 4 · 8 = 32 | 8 · 9 = 72 | 8 · 3 = 24
6 · 8 = 48 | 10 · 8 = 80 | 8 · 5 = 40 | 8 · 2 = 16

b)
24 = 3 · 8 | 56 = 7 · 8 | 48 = 6 · 8 | 40 = 5 · 8
72 = 9 · 8 | 32 = 4 · 8 | 64 = 8 · 8 | 16 = 2 · 8

**5** Multipliziere.

| · | 2 | 1 | 10 | 5 | 0 | 3 | 6 | 9 | 7 | 4 | 8 |
|---|---|---|---|---|---|---|---|---|---|---|---|
| 4 | 8 | 4 | 40 | 20 | 0 | 12 | 24 | 36 | 28 | 16 | 32 |
| 8 | 16 | 8 | 80 | 40 | 0 | 24 | 48 | 72 | 56 | 32 | 64 |



## Einmaleins mit 2, 4 und 8

**1** Multipliziere.

a)
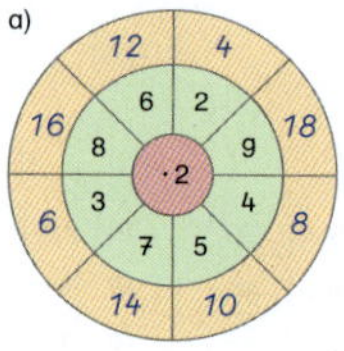


b)
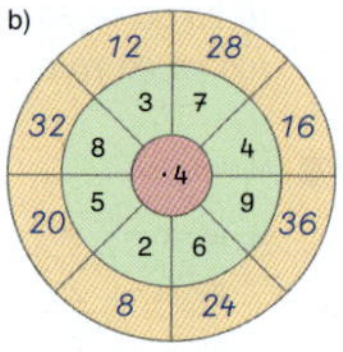


c)
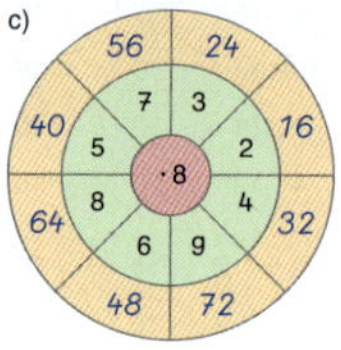


d)
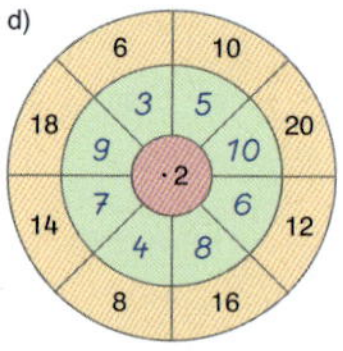


e)
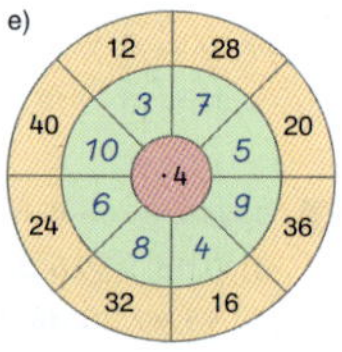


f)
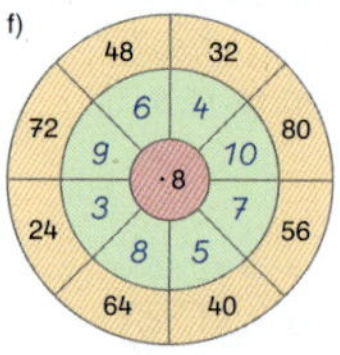


**Ricos Einmaleins-Training 2:** Wie viele Aufgaben schaffst du in 1 Minute?

6 · 4 = 24 | 8 · 8 = 64 | 8 · 4 = 32
2 · 8 = 16 | 4 · 4 = 16 | 4 · 5 = 20
9 · 4 = 36 | 5 · 8 = 40 | 4 · 3 = 12
3 · 8 = 24 | 10 · 4 = 40 | 7 · 2 = 14
7 · 4 = 28 | 9 · 8 = 72 | 8 · 6 = 48

In 1 Minute habe ich ______ Aufgaben richtig gerechnet.

## Geteiltaufgaben mit 4 und 8

**1** Dividiere.

a)
12 : 4 = 3 | 8 : 4 = 2 | 16 : 4 = 4 | 4 : 4 = 1
36 : 4 = 9 | 24 : 4 = 6 | 28 : 4 = 7 | 12 : 4 = 3
32 : 4 = 8 | 16 : 4 = 4 | 8 : 4 = 2 | 40 : 4 = 10
20 : 4 = 5 | 28 : 4 = 7 | 36 : 4 = 9 | 20 : 4 = 5

b)
16 : 8 = 2 | 32 : 8 = 4 | 56 : 8 = 7 | 24 : 8 = 3
72 : 8 = 9 | 64 : 8 = 8 | 40 : 8 = 5 | 48 : 8 = 6
48 : 8 = 6 | 40 : 8 = 5 | 8 : 8 = 1 | 32 : 8 = 4
24 : 8 = 3 | 56 : 8 = 7 | 64 : 8 = 8 | 80 : 8 = 10

**2** Verbinde die Aufgabenkarten mit dem passenden Ergebnis.

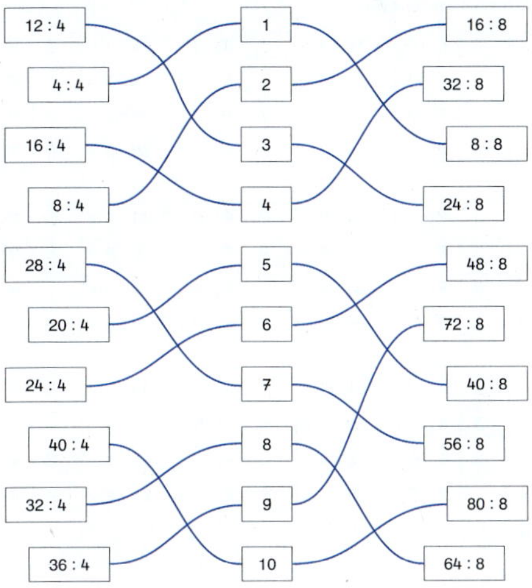

## Geteiltaufgaben mit 4 und 8 (mit Rest)

**1** Dividiere.

| : | 4 |
|---|---|
| 36 | 9 |
| 24 | 6 |
| 8 | 2 |
| 28 | 7 |
| 16 | 4 |
| 32 | 8 |
| 12 | 3 |
| 20 | 5 |

| : | 8 |
|---|---|
| 32 | 4 |
| 40 | 5 |
| 80 | 10 |
| 56 | 7 |
| 24 | 3 |
| 72 | 9 |
| 48 | 6 |
| 64 | 8 |

| : | 4 | 8 |
|---|---|---|
| 40 | 10 | 5 |
| 24 | 6 | 3 |
| 8 | 2 | 1 |
| 32 | 8 | 4 |
| 16 | 4 | 2 |

**2** Dividiere. Achte auf den Rest (R).

a)
8 : 4 = 2 R 0 | 16 : 4 = 4 R 0 | 19 : 4 = 4 R 3
9 : 4 = 2 R 1 | 18 : 4 = 4 R 2 | 23 : 4 = 5 R 3
10 : 4 = 2 R 2 | 20 : 4 = 5 R 0 | 27 : 4 = 6 R 3
11 : 4 = 2 R 3 | 22 : 4 = 5 R 2 | 31 : 4 = 7 R 3
12 : 4 = 3 R 0 | 24 : 4 = 6 R 0 | 35 : 4 = 8 R 3
13 : 4 = 3 R 1 | 26 : 4 = 6 R 2 | 39 : 4 = 9 R 3

b)
16 : 8 = 2 R 0 | 54 : 8 = 6 R 6 | 26 : 8 = 3 R 2
17 : 8 = 2 R 1 | 56 : 8 = 7 R 0 | 34 : 8 = 4 R 2
18 : 8 = 2 R 2 | 58 : 8 = 7 R 2 | 42 : 8 = 5 R 2
19 : 8 = 2 R 3 | 60 : 8 = 7 R 4 | 49 : 8 = 6 R 1
20 : 8 = 2 R 4 | 62 : 8 = 7 R 6 | 57 : 8 = 7 R 1
21 : 8 = 2 R 5 | 64 : 8 = 8 R 0 | 65 : 8 = 8 R 1



## Einmaleins mit 3 und 6

**1** Schreibe die 3er-Reihe vorwärts und rückwärts auf.

3, 6, 9, 12, 15, 18, 21, 24, 27, 30
30, 27, 24, 21, 18, 15, 12, 9, 6, 3

**2** Multipliziere.

a)
3 · 3 = 9 | 7 · 3 = 21 | 3 · 8 = 24 | 3 · 9 = 27
6 · 3 = 18 | 10 · 3 = 30 | 3 · 2 = 6 | 3 · 4 = 12
5 · 3 = 15 | 4 · 3 = 12 | 3 · 7 = 21 | 3 · 6 = 18
8 · 3 = 24 | 9 · 3 = 27 | 3 · 5 = 15 | 3 · 3 = 9

b)
9 = 3 · 3 | 15 = 5 · 3 | 27 = 9 · 3 | 18 = 6 · 3
30 = 10 · 3 | 21 = 7 · 3 | 12 = 4 · 3 | 24 = 8 · 3

**3** Schreibe die 6er-Reihe vorwärts und rückwärts auf.

6, 12, 18, 24, 30, 36, 42, 48, 54, 60
60, 54, 48, 42, 36, 30, 24, 18, 12, 6

**4** Multipliziere.

a)
4 · 6 = 24 | 6 · 6 = 36 | 6 · 7 = 42 | 6 · 4 = 24
7 · 6 = 42 | 9 · 6 = 54 | 6 · 8 = 48 | 6 · 9 = 54
3 · 6 = 18 | 10 · 6 = 60 | 6 · 2 = 12 | 6 · 5 = 30
8 · 6 = 48 | 5 · 6 = 30 | 6 · 6 = 36 | 6 · 3 = 18

b)
24 = 4 · 6 | 54 = 9 · 6 | 18 = 3 · 6 | 36 = 6 · 6
42 = 7 · 6 | 30 = 5 · 6 | 60 = 10 · 6 | 48 = 8 · 6

**5** Multipliziere.

| · | 1 | 2 | 5 | 10 | 0 | 4 | 8 | 3 | 6 | 9 | 7 |
|---|---|---|---|---|---|---|---|---|---|---|---|
| 3 | 3 | 6 | 15 | 30 | 0 | 12 | 24 | 9 | 18 | 27 | 21 |
| 6 | 6 | 12 | 30 | 60 | 0 | 24 | 48 | 18 | 36 | 54 | 42 |



## Einmaleins mit 3, 6 und 9

**1** Schreibe die 9er-Reihe vorwärts und rückwärts auf.

9, 18, 27, 36, 45, 54, 63, 72, 81, 90
90, 81, 72, 63, 54, 45, 36, 27, 18, 9

**2** Multipliziere.

a)
8 · 9 = 72 | 3 · 9 = 27 | 9 · 2 = 18 | 9 · 3 = 27
5 · 9 = 45 | 7 · 9 = 63 | 9 · 8 = 72 | 9 · 6 = 54
9 · 9 = 81 | 4 · 9 = 36 | 9 · 5 = 45 | 9 · 7 = 63
6 · 9 = 54 | 10 · 9 = 90 | 9 · 9 = 81 | 9 · 4 = 36

b)
45 = 5 · 9 | 63 = 7 · 9 | 90 = 10 · 9 | 36 = 4 · 9
81 = 9 · 9 | 27 = 3 · 9 | 54 = 6 · 9 | 72 = 8 · 9

**3** Male die Aufgabenkarten mit der Farbe der Ergebnisse an. 3 Karten bleiben weiß.

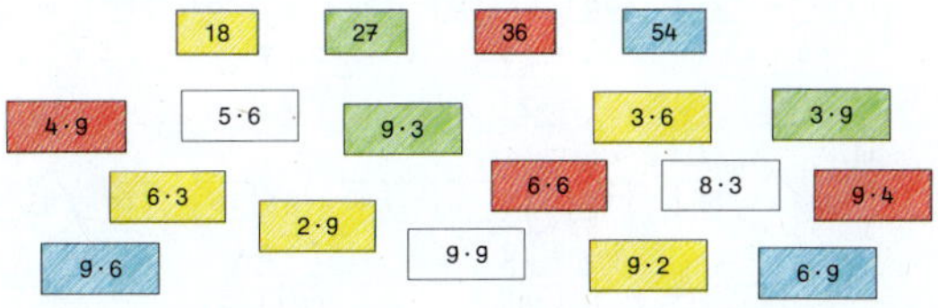


**Ricos Einmaleins-Training 3:** Wie viele Aufgaben schaffst du in 1 Minute?

8 · 3 = 24 | 4 · 6 = 24 | 6 · 8 = 48
4 · 9 = 36 | 10 · 9 = 90 | 3 · 9 = 27
5 · 6 = 30 | 7 · 3 = 21 | 9 · 7 = 63
7 · 9 = 63 | 6 · 6 = 36 | 6 · 9 = 54
6 · 3 = 18 | 9 · 9 = 81 | 3 · 5 = 15

In 1 Minute habe ich ______ Aufgaben richtig gerechnet.

## Geteiltaufgaben mit 3, 6 und 9

**1** Dividiere.

a) 12 : 3 = 4 | 9 : 3 = 3 | 30 : 3 = 10 | 15 : 3 = 5
18 : 3 = 6 | 24 : 3 = 8 | 21 : 3 = 7 | 27 : 3 = 9

b) 36 : 6 = 6 | 12 : 6 = 2 | 48 : 6 = 8 | 30 : 6 = 5
54 : 6 = 9 | 60 : 6 = 10 | 18 : 6 = 3 | 42 : 6 = 7

c) 90 : 9 = 10 | 81 : 9 = 9 | 36 : 9 = 4 | 45 : 9 = 5
27 : 9 = 3 | 63 : 9 = 7 | 54 : 9 = 6 | 72 : 9 = 8

**2** Dividiere. Male die Zahlenfelder im Bild in den passenden Farben an.

| | | | |
|---|---|---|---|
| 12 : 3 = 4 | 42 : 6 = 7 | 18 : 9 = 2 | 60 : 6 = 10 |
| 21 : 3 = 7 | 54 : 6 = 9 | 63 : 9 = 7 | 15 : 3 = 5 |
| 6 : 3 = 2 | 6 : 6 = 1 | 72 : 9 = 8 | 81 : 9 = 9 |
| 27 : 3 = 9 | 48 : 6 = 8 | 36 : 9 = 4 | 30 : 6 = 5 |
| 3 : 3 = 1 | 18 : 6 = 3 | 9 : 9 = 1 | 90 : 9 = 10 |
| 9 : 3 = 3 | 36 : 6 = 6 | 45 : 9 = 5 | 24 : 3 = 8 |

## Geteiltaufgaben mit 3, 6 und 9 (mit Rest)

**1** Dividiere.

| : | 3 |
|---|---|
| 24 | 8 |
| 9 | 3 |
| 27 | 9 |
| 6 | 2 |
| 15 | 5 |
| 21 | 7 |
| 30 | 10 |
| 18 | 6 |
| 12 | 4 |

| : | 6 |
|---|---|
| 42 | 7 |
| 12 | 2 |
| 60 | 10 |
| 24 | 4 |
| 36 | 6 |
| 54 | 9 |
| 18 | 3 |
| 30 | 5 |
| 48 | 8 |

| : | 9 |
|---|---|
| 90 | 10 |
| 45 | 5 |
| 63 | 7 |
| 18 | 2 |
| 54 | 6 |
| 27 | 3 |
| 81 | 9 |
| 36 | 4 |
| 72 | 8 |

| : | 6 | 9 |
|---|---|---|
| 36 | 6 | 4 |
| 54 | 9 | 6 |
| 18 | 3 | 2 |

| : | 3 | 6 |
|---|---|---|
| 12 | 4 | 2 |
| 30 | 10 | 5 |
| 24 | 8 | 4 |
| 18 | 6 | 3 |

**2** Dividiere. Achte auf den Rest (R).

a) 9 : 3 = 3 R 0 | 16 : 3 = 5 R 1 | 24 : 3 = 8 R 0
10 : 3 = 3 R 1 | 19 : 3 = 6 R 1 | 26 : 3 = 8 R 2
11 : 3 = 3 R 2 | 22 : 3 = 7 R 1 | 28 : 3 = 9 R 1
12 : 3 = 4 R 0 | 25 : 3 = 8 R 1 | 30 : 3 = 10 R 0

b) 18 : 6 = 3 R 0 | 54 : 6 = 9 R 0 | 33 : 6 = 5 R 3
19 : 6 = 3 R 1 | 56 : 6 = 9 R 2 | 40 : 6 = 6 R 4
23 : 6 = 3 R 5 | 58 : 6 = 9 R 4 | 47 : 6 = 7 R 5
24 : 6 = 4 R 0 | 60 : 6 = 10 R 0 | 48 : 6 = 8 R 0

c) 27 : 9 = 3 R 0 | 45 : 9 = 5 R 0 | 49 : 9 = 5 R 4
30 : 9 = 3 R 3 | 50 : 9 = 5 R 5 | 58 : 9 = 6 R 4
33 : 9 = 3 R 6 | 55 : 9 = 6 R 1 | 76 : 9 = 8 R 4
36 : 9 = 4 R 0 | 60 : 9 = 6 R 6 | 85 : 9 = 9 R 4



## Einmaleins mit 7

**1** Schreibe die 7er-Reihe vorwärts und rückwärts auf.

7, 14, 21, 28, 35, 42, 49, 56, 63, 70
70, 63, 56, 49, 42, 35, 28, 21, 14, 7

**2** Multipliziere.

a) 2 · 7 = 14 | 3 · 7 = 21 | 7 · 1 = 7 | 7 · 5 = 35
4 · 7 = 28 | 8 · 7 = 56 | 7 · 4 = 28 | 7 · 3 = 21
5 · 7 = 35 | 9 · 7 = 63 | 7 · 8 = 56 | 7 · 2 = 14
6 · 7 = 42 | 10 · 7 = 70 | 7 · 7 = 49 | 7 · 9 = 63

b) 28 = 4 · 7 | 7 = 1 · 7 | 14 = 2 · 7 | 35 = 5 · 7
42 = 6 · 7 | 49 = 7 · 7 | 63 = 9 · 7 | 21 = 3 · 7

**3** Ergänze.

a)

| links | oben | rechts | unten links | unten rechts | unten |
|---|---|---|---|---|---|
| 21 | 7 | 28 | 3 | 4 | 12 |
| 35 | 5 | 30 | 7 | 6 | 42 |
| 16 | 8 | 56 | 2 | 7 | 14 |
| 28 | 4 | 36 | 7 | 9 | 63 |

b)

| links | oben | rechts | unten links | unten rechts | unten |
|---|---|---|---|---|---|
| 32 | 8 | 56 | 4 | 7 | 28 |
| 63 | 7 | 14 | 9 | 2 | 18 |
| 42 | 6 | 18 | 7 | 3 | 21 |
| 56 | 8 | 40 | 7 | 5 | 35 |

**Ricos Einmaleins-Training 4:** Wie viele Aufgaben schaffst du in 1 Minute?

3 · 4 = 12 | 9 · 6 = 54 | 5 · 7 = 35
8 · 2 = 16 | 4 · 8 = 32 | 6 · 2 = 12
5 · 5 = 25 | 7 · 4 = 28 | 9 · 3 = 27
8 · 7 = 56 | 2 · 9 = 18 | 7 · 8 = 56
6 · 3 = 18 | 3 · 6 = 18 | 4 · 5 = 20

In 1 Minute habe ich ______ Aufgaben richtig gerechnet.



## Geteiltaufgaben mit 7 (mit Rest)

**1** Dividiere.

21 : 7 = 3 | 14 : 7 = 2 | 35 : 7 = 5 | 42 : 7 = 6
42 : 7 = 6 | 28 : 7 = 4 | 49 : 7 = 7 | 21 : 7 = 3
63 : 7 = 9 | 49 : 7 = 7 | 7 : 7 = 1 | 56 : 7 = 8
70 : 7 = 10 | 56 : 7 = 8 | 28 : 7 = 4 | 70 : 7 = 10

**2** Schreibe immer 4 Aufgaben.

| 5 7 35 | 14 2 7 | 7 63 9 |
|---|---|---|
| 5 · 7 = 35 | 2 · 7 = 14 | 7 · 9 = 63 |
| 7 · 5 = 35 | 7 · 2 = 14 | 9 · 7 = 63 |
| 35 : 5 = 7 | 14 : 2 = 7 | 63 : 7 = 9 |
| 35 : 7 = 5 | 14 : 7 = 2 | 63 : 9 = 7 |

**3** Finde zuerst die fehlende Zahl. Schreibe dann 4 Aufgaben.

| 7 6 42 | 56 8 7 | 7 28 4 |
|---|---|---|
| 7 · 6 = 42 | 7 · 8 = 56 | 4 · 7 = 28 |
| 6 · 7 = 42 | 8 · 7 = 56 | 7 · 4 = 28 |
| 42 : 6 = 7 | 56 : 7 = 8 | 28 : 4 = 7 |
| 42 : 7 = 6 | 56 : 8 = 7 | 28 : 7 = 4 |

**4** Dividiere. Achte auf den Rest (R).

14 : 7 = 2 R 0 | 35 : 7 = 5 R 0 | 49 : 7 = 7 R 0
15 : 7 = 2 R 1 | 36 : 7 = 5 R 1 | 50 : 7 = 7 R 1
16 : 7 = 2 R 2 | 37 : 7 = 5 R 2 | 51 : 7 = 7 R 2

28 : 7 = 4 R 0 | 42 : 7 = 6 R 0 | 21 : 7 = 3 R 0
30 : 7 = 4 R 2 | 45 : 7 = 6 R 3 | 23 : 7 = 3 R 2
32 : 7 = 4 R 4 | 48 : 7 = 6 R 6 | 26 : 7 = 3 R 5

## Rechentricks – Nachbaraufgaben und Quadrataufgaben

**1*** Finde zu jeder Kernaufgabe eine Nachbaraufgabe.

| | | | |
|---|---|---|---|
| 1 · 6 = 6 | 2 · 6 = 12 | 5 · 6 = 30 | 10 · 6 = 60 |
| 2 · 6 = 12 | 3 · 6 = 18 | 6 · 6 = 36 | 9 · 6 = 54 |
| 1 · 3 = 3 | 2 · 3 = 6 | 5 · 3 = 15 | 10 · 3 = 30 |
| 2 · 3 = 6 | 3 · 3 = 9 | 6 · 3 = 18 | 9 · 3 = 27 |
| 1 · 8 = 8 | 2 · 8 = 16 | 5 · 8 = 40 | 10 · 8 = 80 |
| 2 · 8 = 16 | 3 · 8 = 24 | 6 · 8 = 48 | 9 · 8 = 72 |
| 1 · 7 = 7 | 2 · 7 = 14 | 5 · 7 = 35 | 10 · 7 = 70 |
| 2 · 7 = 14 | 3 · 7 = 21 | 6 · 7 = 42 | 9 · 7 = 63 |

**2** Löse die Aufgaben. Die Nachbaraufgaben helfen dir.

| | | | |
|---|---|---|---|
| 4 · 3 = 12 | 2 · 7 = 14 | 3 · 4 = 12 | 6 · 5 = 30 |
| 6 · 3 = 18 | 6 · 7 = 42 | 9 · 4 = 36 | 4 · 5 = 20 |
| 2 · 3 = 6 | 3 · 7 = 21 | 4 · 4 = 16 | 9 · 5 = 45 |
| 9 · 3 = 27 | 9 · 7 = 63 | 6 · 4 = 24 | 2 · 5 = 10 |
| 3 · 3 = 9 | 4 · 7 = 28 | 2 · 4 = 8 | 3 · 5 = 15 |

**3** Schreibe alle Quadrataufgaben auf.

| | | | |
|---|---|---|---|
| 1 · 1 = 2 | 2 · 2 = 4 | 3 · 3 = 9 | 4 · 4 = 16 |
| 5 · 5 = 25 | 6 · 6 = 36 | 7 · 7 = 49 | 8 · 8 = 64 |
| 9 · 9 = 81 | 10 · 10 = 100 | | |

**4** Löse die Aufgaben. Die Quadrataufgaben helfen dir.

| | | |
|---|---|---|
| 4 · 5 = 20 | 8 · 7 = 56 | 6 · 7 = 42 |
| 8 · 9 = 72 | 4 · 3 = 12 | 2 · 1 = 2 |
| 7 · 6 = 42 | 5 · 4 = 20 | 7 · 8 = 56 |
| 2 · 3 = 6 | 6 · 5 = 30 | 3 · 4 = 12 |
| 5 · 6 = 30 | 9 · 8 = 72 | 9 · 10 = 90 |

* Beispiellösung



## Rechentricks – Umkehraufgaben, Rechentrick mit 9 und Tauschaufgaben

**1** Rechne und schreibe zu jeder Aufgabe ihre Umkehraufgabe.

| | | | |
|---|---|---|---|
| 6 · 3 = 18 | 7 · 2 = 14 | 5 · 8 = 40 | 3 · 4 = 12 |
| 18 : 3 = 6 | 14 : 2 = 7 | 40 : 8 = 5 | 12 : 4 = 3 |
| 63 : 7 = 9 | 24 : 6 = 4 | 45 : 5 = 9 | 72 : 9 = 8 |
| 9 · 7 = 63 | 4 · 6 = 24 | 9 · 5 = 45 | 8 · 9 = 72 |

**2** Löse die Aufgaben mithilfe der Umkehraufgaben.

| | | | |
|---|---|---|---|
| 30 : 5 = 6 | 32 : 8 = 4 | 4 · 4 = 16 | 5 · 3 = 15 |
| 27 : 3 = 9 | 30 : 6 = 5 | 3 · 9 = 27 | 9 · 6 = 54 |
| 21 : 7 = 3 | 63 : 9 = 7 | 7 · 5 = 35 | 7 · 2 = 14 |
| 8 : 4 = 2 | 16 : 2 = 8 | 6 · 8 = 48 | 8 · 7 = 56 |

**3** Multipliziere mit 10 und nimm dann von jedem Zehner einen Einer weg.

| | |
|---|---|
| 1 · 9 = 1 · 10 − 1 = 9 | 7 · 9 = 7 · 10 − 7 = 63 |
| 6 · 9 = 6 · 10 − 6 = 54 | 9 · 9 = 9 · 10 − 9 = 81 |
| 2 · 9 = 2 · 10 − 2 = 18 | 5 · 9 = 5 · 10 − 5 = 45 |
| 8 · 9 = 8 · 10 − 8 = 72 | 3 · 9 = 3 · 10 − 3 = 27 |
| 4 · 9 = 4 · 10 − 4 = 36 | 10 · 9 = 10 · 10 − 10 = 90 |

**4*** Aufgabe oder Tauschaufgabe?
Multipliziere und kreuze an, welche Aufgabe du einfacher findest.

| | | | |
|---|---|---|---|
| 4 · 8 = 32 ○ | 5 · 7 = 35 ○ | 6 · 3 = 18 ○ | 8 · 4 = 32 ○ |
| 8 · 4 = 32 ○ | 7 · 5 = 35 ○ | 3 · 6 = 18 ○ | 4 · 8 = 32 ○ |
| 6 · 5 = 30 ○ | 9 · 2 = 18 ○ | 7 · 6 = 42 ○ | 3 · 9 = 27 ○ |
| 5 · 6 = 30 ○ | 2 · 9 = 18 ○ | 6 · 7 = 42 ○ | 9 · 3 = 27 ○ |

**5** Multipliziere. Denke an die Tauschaufgabe.

| | | | |
|---|---|---|---|
| 2 · 9 = 18 | 9 · 4 = 36 | 6 · 7 = 42 | 8 · 6 = 48 |
| 3 · 6 = 18 | 7 · 3 = 21 | 3 · 5 = 15 | 6 · 9 = 54 |
| 5 · 8 = 40 | 8 · 2 = 16 | 4 · 6 = 24 | 5 · 7 = 35 |



* Ankreuzen: Individuelle Lösung



## Das ganze Einmaleins

**1** Rechne alle Aufgaben.

| · | 1 | 2 | 3 | 4 | 5 | 6 | 7 | 8 | 9 | 10 |
|---|---|---|---|---|---|---|---|---|---|---|
| 1 | 1 | 2 | 3 | 4 | 5 | 6 | 7 | 8 | 9 | 10 |
| 2 | 2 | 4 | 6 | 8 | 10 | 12 | 14 | 16 | 18 | 20 |
| 3 | 3 | 6 | 9 | 12 | 15 | 18 | 21 | 24 | 27 | 30 |
| 4 | 4 | 8 | 12 | 16 | 20 | 24 | 28 | 32 | 36 | 40 |
| 5 | 5 | 10 | 15 | 20 | 25 | 30 | 35 | 40 | 45 | 50 |
| 6 | 6 | 12 | 18 | 24 | 30 | 36 | 42 | 48 | 54 | 60 |
| 7 | 7 | 14 | 21 | 28 | 35 | 42 | 49 | 56 | 63 | 70 |
| 8 | 8 | 16 | 24 | 32 | 40 | 48 | 56 | 64 | 72 | 80 |
| 9 | 9 | 18 | 27 | 36 | 45 | 54 | 63 | 72 | 81 | 90 |
| 10 | 10 | 20 | 30 | 40 | 50 | 60 | 70 | 80 | 90 | 100 |

**2** Multipliziere.

| | | | |
|---|---|---|---|
| 4 · 6 = 24 | 7 · 4 = 28 | 8 · 3 = 24 | 5 · 5 = 25 |
| 2 · 6 = 12 | 3 · 4 = 12 | 4 · 3 = 12 | 2 · 5 = 10 |
| 8 · 6 = 48 | 9 · 4 = 36 | 6 · 3 = 18 | 8 · 5 = 40 |
| 5 · 6 = 30 | 6 · 4 = 24 | 2 · 3 = 6 | 9 · 5 = 45 |
| 6 · 6 = 36 | 4 · 4 = 16 | 7 · 3 = 21 | 4 · 5 = 20 |
| 3 · 2 = 6 | 2 · 9 = 18 | 6 · 7 = 42 | 4 · 8 = 32 |
| 6 · 2 = 12 | 7 · 9 = 63 | 2 · 7 = 14 | 6 · 8 = 48 |
| 9 · 2 = 18 | 4 · 9 = 36 | 5 · 7 = 35 | 3 · 8 = 24 |
| 2 · 2 = 4 | 9 · 9 = 81 | 7 · 7 = 49 | 9 · 8 = 72 |
| 7 · 2 = 14 | 5 · 9 = 45 | 8 · 7 = 56 | 5 · 8 = 40 |



## Das ganze Einmaleins

**1** Multipliziere.

| · | 3 | 5 | 7 | 9 |
|---|---|---|---|---|
| 2 | 6 | 10 | 14 | 18 |
| 5 | 15 | 25 | 35 | 45 |

| · | 2 | 3 | 6 | 8 | 9 | 10 |
|---|---|---|---|---|---|---|
| 4 | 8 | 12 | 24 | 32 | 36 | 40 |
| 8 | 16 | 24 | 48 | 64 | 72 | 80 |

| · | 2 | 4 | 6 | 8 |
|---|---|---|---|---|
| 3 | 6 | 12 | 18 | 24 |
| 7 | 14 | 28 | 42 | 56 |

| · | 1 | 3 | 5 | 7 | 8 | 9 |
|---|---|---|---|---|---|---|
| 6 | 6 | 18 | 30 | 42 | 48 | 54 |
| 9 | 9 | 27 | 45 | 63 | 72 | 81 |

**2** Ergänze.

| · | 3 | 5 | 7 | 9 |
|---|---|---|---|---|
| 6 | 18 | 30 | 42 | 54 |
| 4 | 12 | 20 | 28 | 36 |

| · | 4 | 5 | 7 | 8 |
|---|---|---|---|---|
| 5 | 20 | 25 | 35 | 40 |
| 8 | 32 | 40 | 56 | 64 |

| · | 9 | 3 |
|---|---|---|
| 9 | 81 | 27 |
| 7 | 63 | 21 |
| 2 | 18 | 6 |
| 6 | 54 | 18 |
| 3 | 27 | 9 |
| 4 | 36 | 12 |

| · | 7 | 2 |
|---|---|---|
| 5 | 35 | 10 |
| 8 | 56 | 16 |
| 3 | 21 | 6 |
| 9 | 63 | 18 |
| 2 | 14 | 4 |
| 4 | 28 | 8 |

**Ricos Einmaleins-Training 5:** Wie viele Aufgaben schaffst du in 1 Minute?

| | | |
|---|---|---|
| 4 · 6 = 24 | 3 · 7 = 21 | 9 · 8 = 72 |
| 6 · 5 = 30 | 8 · 3 = 24 | 2 · 6 = 12 |
| 9 · 2 = 18 | 5 · 9 = 45 | 4 · 3 = 12 |
| 8 · 4 = 32 | 7 · 5 = 35 | 5 · 2 = 10 |
| 2 · 8 = 16 | 4 · 4 = 16 | 8 · 7 = 56 |

In 1 Minute habe ich ______ Aufgaben richtig gerechnet.

## Sachaufgaben – multiplizieren

**1** Lies die Aufgabe und die Frage (F) genau. Markiere wichtige Angaben. Finde dann einen Lösungsweg (L) und schreibe die Antwort (A) auf.

Frage (F)
Lösungsweg (L)
Antwort (A)

a) Für ihr Geburtstagsfest geht Sina dreimal in den Keller.
Jedes Mal holt sie 7 Flaschen Saftschorle.

F: Wie viele Flaschen holt Sina insgesamt?

L: *3 · 7 = 21*

A: *Sina holt 21 Flaschen Saftschorle aus dem Keller.*

b) Emil geht seit 6 Wochen in die Bibliothek.
Jede Woche leiht er sich 3 Bücher aus.

F: Wie viele Bücher hat Emil bisher ausgeliehen?

L: *6 · 3 = 18*

A: *Emil hat bisher 18 Bücher ausgeliehen.*

c) Merle sammelt Fußballkarten.
Auf jede Seite in ihrem Album klebt sie 8 Karten.
5 Seiten hat sie schon voll.

F: Wie viele Fußballkarten hat Merle schon aufgeklebt?

L: *5 · 8 = 40*

A: *Merle hat schon 40 Fußballkarten aufgeklebt.*

d) Im Fahrradgeschäft ist viel los.
Von Montag bis Samstag werden jeden Tag 4 Fahrräder verkauft.

F: Wie viele Fahrräder verkauft das Geschäft in dieser Woche?

L: *6 · 4 = 24*

A: *Das Geschäft verkauft in dieser Woche 24 Fahrräder.*



## Sachaufgaben – multiplizieren

* **1** Lies die Aufgabe genau und finde eine Frage (F). Markiere wichtige Angaben. Finde dann einen Lösungsweg (L) und schreibe die Antwort (A) auf.

a) Herr Yazi wechselt die Räder an seinem Auto.
Für jedes Rad braucht er 5 Schrauben.

F: *Wie viele Schrauben benötigt Herr Yazi insgesamt?*

L: *4 · 5 = 20*

A: *Herr Yazi benötigt 20 Schrauben.*

b) Frau Meiser verlegt neue Teppichfliesen im Kinderzimmer.
In eine Reihe passen immer 8 Fliesen.
Nach 7 Reihen ist der Boden fertig.

F: *Wie viele Teppichfliesen verlegt Frau Meiser?*

L: *7 · 8 = 56*

A: *Frau Meiser verlegt 56 Teppichfliesen.*

c) In der Bäckerei liegen 2 Backbleche.
Auf einem Blech sind 4 Reihen mit Sesambrötchen,
in jeder Reihe liegen 3 Brötchen.
Auf dem anderen Blech liegen 5 Reihen mit Roggenbrötchen,
in jeder Reihe liegen 6 Brötchen.

F: *Wie viele Brötchen liegen auf den Blechen?*

L: *4 · 3 = 12*
*5 · 6 = 30*
*12 + 30 = 42*

A: *Auf den Blechen liegen 42 Brötchen.*

d) Die Lehrerin hängt die Bilder der Kinder an Pinnwänden auf.
An einer Pinnwand hängt sie 3 Bilder in eine Reihe, es haben 2 Reihen Platz.
Die Lehrerin braucht für alle Bilder 4 Pinnwände.

F: *Wie viele Bilder sind es insgesamt?*

L: *2 · 3 = 6*
*4 · 6 = 24*

A: *Es sind insgesamt 24 Bilder.*



## Sachaufgaben – dividieren

**1** Lies die Aufgabe und die Frage (F) genau. Markiere wichtige Angaben. Finde dann einen Lösungsweg (L) und schreibe die Antwort (A) auf.

a) Sara hat 15 Spielzeugautos.
Sie packt immer 3 in einen Karton.

F: Wie viele Kartons braucht Sara?

L: *15 : 3 = 5*

A: *Sara braucht 5 Kartons.*

b) Luis backt 24 Schokokekse.
Auf dem Backblech liegen immer 4 Kekse in einer Reihe.

F: Wie viele Reihen mit Keksen legt Luis?

L: *24 : 4 = 6*

A: *Luis legt 6 Reihen mit Keksen.*

c) Die Drittklasskinder räumen die Klassenbücherei auf.
42 Bücher tauschen sie mit der Nachbarklasse.
Jedes Kind trägt 7 Bücher.

F: Wie viele Kinder tragen Bücher?

L: *42 : 7 = 6*

A: *6 Kinder tragen Bücher.*

d) Ayse isst gern Gummibären.
In der Dose sind noch 35 Gummibären.
Jeden Tag isst sie 5 Gummibären.

F: Wie viele Tage kann Ayse noch Gummibären essen?

L: *35 : 5 = 7*

A: *Ayse kann noch 7 Tage Gummibären essen.*



## Sachaufgaben – dividieren

* **1** Lies die Aufgabe genau und finde eine Frage (F). Markiere wichtige Angaben. Finde dann einen Lösungsweg (L) und schreibe die Antwort (A) auf.

a) Frau Steiß strickt gerne Socken.
Sie hat schon 12 Paar Socken fertig. Diese schenkt sie ihren 4 Enkelkindern.

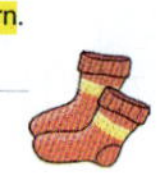

F: *Wie viele Paar Socken bekommt jedes Enkelkind?*

L: *12 : 4 = 3*

A: *Jedes Enkelkind bekommt 3 Paar Socken.*

b) Die Klasse 3b unternimmt einen Ausflug ins Tiergehege.
Für die Fahrt dorthin werden die 24 Kinder gleichmäßig auf 3 Kleinbusse verteilt.

F: *Wie viele Kinder befinden sich in jedem Kleinbus?*

L: *24 : 3 = 8*

A: *In jedem Kleinbus befinden sich 8 Kinder.*

c) Die Hühner von Herrn Müller haben diese Woche 33 Eier gelegt.
Leider sind ihm 3 Eier heruntergefallen.
Die restlichen Eier verpackt Herr Müller in 6er-Kartons.

F: *Wie viele 6er-Kartons braucht Herr Müller?*

L: *33 – 3 = 30*
*30 : 6 = 5*

A: *Herr Müller braucht 5 6er-Kartons.*

d) Frau Nowak hat ein großes Aquarium mit 52 Fischen.
Sie hat 4 Harnischwelse und 3 Schleierschwänze.
Außerdem hat sie noch Guppys, Mollys, Plattys, Salmler und Skalare.
Von diesen 5 Sorten hat sie jeweils gleich viele.

F: *Wie viele Fische hat Frau Nowak von den 5 Sorten jeweils?*

L: *52 – 4 = 48   48 – 3 = 45*
*45 : 5 = 9*

A: *Frau Nowak hat von den 5 Sorten jeweils 9 Fische.*

## Multiplizieren mit großen Zahlen

**1** Löse die Aufgaben.

| | | | |
|---|---|---|---|
| 2 · 3 = 6 | 7 · 1 = 7 | 5 · 2 = 10 | 1 · 6 = 6 |
| 2 · 30 = 60 | 7 · 10 = 70 | 5 · 20 = 100 | 1 · 60 = 60 |
| 2 · 300 = 600 | 7 · 100 = 700 | 5 · 200 = 1000 | 1 · 600 = 600 |

**2** Rechne zuerst die kleine Aufgabe, danach die große Aufgabe.

a)

| | | | |
|---|---|---|---|
| 5 · 3 = 15 | 6 · 4 = 24 | 8 · 5 = 40 | 7 · 6 = 42 |
| 5 · 30 = 150 | 6 · 40 = 240 | 8 · 50 = 400 | 7 · 60 = 420 |
| 4 · 9 = 36 | 2 · 8 = 16 | 3 · 2 = 6 | 9 · 7 = 63 |
| 4 · 90 = 360 | 2 · 80 = 160 | 3 · 20 = 60 | 9 · 70 = 630 |

b)

| | | | |
|---|---|---|---|
| 6 · 8 = 48 | 4 · 5 = 20 | 7 · 3 = 21 | 5 · 9 = 45 |
| 60 · 8 = 480 | 40 · 5 = 200 | 70 · 3 = 210 | 50 · 9 = 450 |
| 8 · 9 = 72 | 3 · 6 = 18 | 9 · 4 = 36 | 2 · 5 = 10 |
| 80 · 9 = 720 | 30 · 6 = 180 | 90 · 4 = 360 | 20 · 5 = 100 |

**3** Multipliziere. Denke an die kleine Aufgabe.

| | | | |
|---|---|---|---|
| 7 · 70 = 490 | 8 · 60 = 480 | 4 · 80 = 320 | 5 · 30 = 150 |
| 60 · 5 = 300 | 30 · 9 = 270 | 20 · 4 = 80 | 90 · 3 = 270 |

**4** Multipliziere. Was fällt dir auf?

| | | | |
|---|---|---|---|
| 6 · 40 = 240 | 3 · 80 = 240 | 5 · 70 = 350 | 9 · 20 = 180 |
| 4 · 60 = 240 | 8 · 30 = 240 | 7 · 50 = 350 | 2 · 90 = 180 |
| 4 · 30 = 120 | 7 · 90 = 630 | 8 · 40 = 320 | 2 · 60 = 120 |
| 3 · 40 = 120 | 9 · 70 = 630 | 4 · 80 = 320 | 6 · 20 = 120 |

Mir fällt auf, dass *die beiden Ergebnisse immer gleich sind.*



## Multiplizieren mit großen Zahlen

**1** Multipliziere.

| links | Spitze | links unten | rechts unten | rechts | unten |
|---|---|---|---|---|---|
| 150 | 50 | 3 | 8 | 400 | 24 |
| 140 | 7 | 20 | 6 | 42 | 120 |
| 36 | 9 | 4 | 80 | 720 | 320 |
| 240 | 4 | 60 | 5 | 20 | 300 |
| 16 | 8 | 2 | 40 | 320 | 80 |
| 280 | 70 | 4 | 3 | 210 | 12 |

**2** Zu jedem Ergebnis passen zwei Multiplikationsaufgaben. Male sie mit der Farbe der Ergebnisse an.

240 420 360 180 480 120

6 · 40 7 · 60 6 · 80 4 · 90 6 · 30 6 · 20 9 · 20 6 · 70 4 · 30 8 · 60 8 · 30 6 · 60

**Ricos Einmaleins-Training 6:** Wie viele Aufgaben schaffst du in 1 Minute?

| | | |
|---|---|---|
| 3 · 4 = 12 | 3 · 8 = 24 | 9 · 5 = 45 |
| 7 · 6 = 42 | 4 · 2 = 8 | 7 · 3 = 21 |
| 2 · 3 = 6 | 7 · 7 = 49 | 6 · 8 = 48 |
| 5 · 8 = 40 | 6 · 4 = 24 | 5 · 6 = 30 |
| 3 · 5 = 15 | 8 · 9 = 72 | 4 · 9 = 36 |

In 1 Minute habe ich ______ Aufgaben richtig gerechnet.



## Dividieren mit großen Zahlen

**1** Löse die Aufgaben.

a)

| | | | |
|---|---|---|---|
| 8 : 2 = 4 | 6 : 3 = 2 | 4 : 2 = 2 | 9 : 3 = 3 |
| 80 : 2 = 40 | 60 : 3 = 20 | 40 : 2 = 20 | 90 : 3 = 30 |
| 800 : 2 = 400 | 600 : 3 = 200 | 400 : 2 = 200 | 900 : 3 = 300 |

b)

| | | | |
|---|---|---|---|
| 42 : 6 = 7 | 20 : 4 = 5 | 21 : 7 = 3 | 18 : 3 = 6 |
| 420 : 6 = 70 | 200 : 4 = 50 | 210 : 7 = 30 | 180 : 3 = 60 |
| 420 : 60 = 7 | 200 : 40 = 5 | 210 : 70 = 3 | 180 : 30 = 6 |

**2** Rechne zuerst die kleine Aufgabe, danach die große Aufgabe.

a)

| | | | |
|---|---|---|---|
| 35 : 5 = 7 | 24 : 4 = 6 | 81 : 9 = 9 | 18 : 6 = 3 |
| 350 : 5 = 70 | 240 : 4 = 60 | 810 : 9 = 90 | 180 : 6 = 30 |
| 16 : 2 = 8 | 28 : 7 = 4 | 24 : 3 = 8 | 48 : 8 = 6 |
| 160 : 2 = 80 | 280 : 7 = 40 | 240 : 3 = 80 | 480 : 8 = 60 |

b)

| | | | |
|---|---|---|---|
| 36 : 4 = 9 | 12 : 3 = 4 | 45 : 5 = 9 | 27 : 9 = 3 |
| 360 : 40 = 9 | 120 : 30 = 4 | 450 : 50 = 9 | 270 : 90 = 3 |
| 48 : 6 = 8 | 40 : 8 = 5 | 49 : 7 = 7 | 12 : 2 = 6 |
| 480 : 60 = 8 | 400 : 80 = 5 | 490 : 70 = 7 | 120 : 20 = 6 |

**3** Dividiere. Denke an die kleine Aufgabe.

a)

| | | | |
|---|---|---|---|
| 150 : 3 = 50 | 240 : 6 = 40 | 200 : 5 = 40 | 140 : 2 = 70 |
| 160 : 8 = 20 | 420 : 7 = 60 | 320 : 4 = 80 | 540 : 9 = 60 |

b)

| | | | |
|---|---|---|---|
| 560 : 70 = 8 | 360 : 90 = 4 | 360 : 60 = 6 | 280 : 70 = 4 |
| 300 : 50 = 6 | 180 : 20 = 9 | 240 : 80 = 3 | 270 : 30 = 9 |

## Dividieren mit großen Zahlen

**1** Dividiere.

| : | 2 | 20 |
|---|---|---|
| 60 | 30 | 3 |
| 140 | 70 | 7 |
| 180 | 90 | 9 |

| : | 5 | 50 |
|---|---|---|
| 100 | 20 | 2 |
| 250 | 50 | 5 |
| 400 | 80 | 8 |

| : | 7 | 70 |
|---|---|---|
| 280 | 40 | 4 |
| 560 | 80 | 8 |
| 630 | 90 | 9 |

| : | 9 | 90 |
|---|---|---|
| 90 | 10 | 1 |
| 360 | 40 | 4 |
| 540 | 60 | 6 |

| : | 6 | 60 |
|---|---|---|
| 240 | 40 | 4 |
| 360 | 60 | 6 |
| 420 | 70 | 7 |

**2** Zu jedem Ergebnis passen zwei Divisionsaufgaben. Male sie mit der Farbe der Ergebnisse an.

40 60 80 50 30 70

150 : 3 360 : 9 480 : 6 200 : 5 120 : 2 350 : 5 180 : 6 210 : 3 400 : 8 270 : 9 240 : 4 560 : 7

**3** Schreibe immer 4 Aufgaben.

| 240 40 6 | 70 210 3 | 5 90 450 |
|---|---|---|
| 6 · 40 = 240 | 3 · 70 = 210 | 5 · 90 = 450 |
| 40 · 6 = 240 | 70 · 3 = 210 | 90 · 5 = 450 |
| 240 : 6 = 40 | 210 : 3 = 70 | 450 : 5 = 90 |
| 240 : 40 = 6 | 210 : 70 = 3 | 450 : 90 = 5 |

# Lösungen (Seite 30 bis 33)

## Zahlenrätsel

Ich denke mir eine Zahl.
Ich nehme sie mal 4
und erhalte 120.
Wie heißt die Zahl?

30 → · 4 → 120; 120 → : 4 → 30

Meine Zahl heißt: 30

**1** Wie heißen die gedachten Zahlen der Kinder?

Rahel denkt sich eine Zahl. Sie nimmt sie mal 7 und erhält 280. Wie heißt Rahels Zahl?

40 → · 7 → 280; 280 → : 7 → 40

Rahels Zahl heißt: 40

Balu denkt sich eine Zahl. Er teilt sie durch 8 und erhält 70. Wie heißt Balus Zahl?

560 → : 8 → 70; 70 → · 8 → 560

Balus Zahl heißt: 560

Frieda denkt sich eine Zahl. Sie nimmt sie mal 60 und erhält 540. Wie heißt Friedas Zahl?

9 → · 60 → 540; 540 → : 60 → 9

Friedas Zahl heißt: 9

Thomas denkt sich eine Zahl. Er teilt sie durch 50 und erhält 5. Wie heißt Thomas' Zahl?

250 → : 50 → 5; 5 → · 50 → 250

Thomas' Zahl heißt: 250



## Zahlenrätsel

**1** Wie heißen die gedachten Zahlen der Kinder?

Dunya denkt sich eine Zahl. Sie nimmt sie mal 60, danach teilt sie durch 4. Sie erhält 90. Wie heißt Dunyas Zahl?

6 → · 60 → 360 → : 4 → 90; 90 → · 4 → 360 → : 60 → 6

Dunyas Zahl heißt: 6

Tammo denkt sich eine Zahl. Er teilt sie durch 80. Dann nimmt er mal 30. Er erhält 270. Wie heißt Tammos Zahl?

720 → : 80 → 9 → · 30 → 270; 270 → : 30 → 9 → · 80 → 720

Tammos Zahl heißt: 720

Elif denkt sich eine Zahl. Sie nimmt sie mal 4, danach teilt sie durch 70. Sie erhält 4. Wie heißt Elifs Zahl?

70 → · 4 → 280 → : 70 → 4; 4 → · 70 → 280 → : 4 → 70

Elifs Zahl heißt: 70

Nico denkt sich eine Zahl. Er teilt sie durch 9. Dann nimmt er mal 7. Er erhält 420. Wie heißt Nicos Zahl?

540 → : 9 → 60 → · 7 → 420; 420 → : 7 → 60 → · 9 → 540

Nicos Zahl heißt: 540

**2** Ergänze das Pfeilbild.

20 → · 9 → 180 → : 60 → 3 → · 80 → 240 → : 4 → 60 → · 5 → 300

300 → : 5 → 60 → · 4 → 240 → : 80 → 3 → · 60 → 180 → : 9 → 20



## Halbschriftlich multiplizieren

3 · 14

| 3 · 14 = 42 |
|---|
| 3 · 10 = 30 |
| 3 · 4 = 12 |

**1** Multipliziere in Schritten.

a)

| | | |
|---|---|---|
| 4 · 12 = 48 | 7 · 15 = 105 | 3 · 17 = 51 |
| 4 · 10 = 40 | 7 · 10 = 70 | 3 · 10 = 30 |
| 4 · 2 = 8 | 7 · 5 = 35 | 3 · 7 = 21 |

b)

| | | |
|---|---|---|
| 5 · 19 = 95 | 6 · 16 = 96 | 4 · 13 = 52 |
| 5 · 10 = 50 | 6 · 10 = 60 | 4 · 10 = 40 |
| 5 · 9 = 45 | 6 · 6 = 36 | 4 · 3 = 12 |

c)

| | | |
|---|---|---|
| 7 · 18 = 126 | 8 · 11 = 88 | 9 · 14 = 126 |
| 7 · 10 = 70 | 8 · 10 = 80 | 9 · 10 = 90 |
| 7 · 8 = 56 | 8 · 1 = 8 | 9 · 4 = 36 |

d)

| | | |
|---|---|---|
| 6 · 15 = 90 | 4 · 18 = 72 | 7 · 16 = 112 |
| 6 · 10 = 60 | 4 · 10 = 40 | 7 · 10 = 70 |
| 6 · 5 = 30 | 4 · 8 = 32 | 7 · 6 = 42 |

e)

| | | |
|---|---|---|
| 5 · 13 = 65 | 9 · 12 = 108 | 8 · 19 = 152 |
| 5 · 10 = 50 | 9 · 10 = 90 | 8 · 10 = 80 |
| 5 · 3 = 15 | 9 · 2 = 18 | 8 · 9 = 72 |



## Halbschriftlich multiplizieren

**1** Multipliziere in Schritten.

a)

| | | |
|---|---|---|
| 7 · 53 = 371 | 4 · 39 = 156 | 9 · 68 = 612 |
| 7 · 50 = 350 | 4 · 30 = 120 | 9 · 60 = 540 |
| 7 · 3 = 21 | 4 · 9 = 36 | 9 · 8 = 72 |

b)

| | | |
|---|---|---|
| 3 · 84 = 252 | 6 · 72 = 432 | 8 · 95 = 760 |
| 3 · 80 = 240 | 6 · 70 = 420 | 8 · 90 = 720 |
| 3 · 4 = 12 | 6 · 2 = 12 | 8 · 5 = 40 |

c)

| | | |
|---|---|---|
| 5 · 56 = 280 | 2 · 98 = 196 | 7 · 46 = 322 |
| 5 · 50 = 250 | 2 · 90 = 180 | 7 · 40 = 280 |
| 5 · 6 = 30 | 2 · 8 = 16 | 7 · 6 = 42 |

d)

| | | |
|---|---|---|
| 6 · 85 = 510 | 9 · 49 = 441 | 4 · 67 = 268 |
| 6 · 80 = 480 | 9 · 40 = 360 | 4 · 60 = 240 |
| 6 · 5 = 30 | 9 · 9 = 81 | 4 · 7 = 28 |

**Ricos Einmaleins-Training 7:** Wie viele Aufgaben schaffst du in 1 Minute?

| | | |
|---|---|---|
| 10 · 6 = 60 | 9 · 7 = 63 | 7 · 7 = 49 |
| 7 · 8 = 56 | 8 · 10 = 80 | 10 · 5 = 50 |
| 5 · 3 = 15 | 3 · 6 = 18 | 6 · 2 = 12 |
| 2 · 4 = 8 | 4 · 8 = 32 | 8 · 9 = 72 |
| 9 · 5 = 45 | 6 · 7 = 42 | 9 · 3 = 27 |

In 1 Minute habe ich ______ Aufgaben richtig gerechnet.

## Halbschriftlich multiplizieren

**1** Rechne die Aufgabe und ihre Tauschaufgabe. Was stellst du fest?

| Aufgabe: | Tauschaufgabe: |
|---|---|
| 8 · 26 = 208 | 26 · 8 = 208 |
| 8 · 20 = 160 | 20 · 8 = 160 |
| 8 · 6 = 48 | 6 · 8 = 48 |

| Aufgabe: | Tauschaufgabe: |
|---|---|
| 82 · 4 = 328 | 4 · 82 = 328 |
| 80 · 4 = 320 | 4 · 80 = 320 |
| 2 · 4 = 8 | 4 · 2 = 8 |

Ich stelle fest, dass die Ergebnisse beider Aufgaben gleich sind.

**2** Multipliziere in Schritten.

| | | |
|---|---|---|
| 9 · 56 = 504 | 35 · 6 = 210 | 5 · 49 = 245 |
| 9 · 50 = 450 | 30 · 6 = 180 | 5 · 40 = 200 |
| 9 · 6 = 54 | 5 · 6 = 30 | 5 · 9 = 45 |
| 77 · 7 = 539 | 8 · 88 = 704 | 99 · 9 = 891 |
| 70 · 7 = 490 | 8 · 80 = 640 | 90 · 9 = 810 |
| 7 · 7 = 49 | 8 · 8 = 64 | 9 · 9 = 81 |

*** 3** Schreibe die Aufgabe oder die Tauschaufgabe und multipliziere.

| 37 · 8 | 4 · 86 | 92 · 9 |
|---|---|---|
| 37 · 8 = 296 | 4 · 86 = 344 | 92 · 9 = 828 |
| 30 · 8 = 240 | 4 · 80 = 320 | 90 · 9 = 810 |
| 7 · 8 = 56 | 4 · 6 = 24 | 2 · 9 = 18 |



## Halbschriftlich multiplizieren

**1** Multipliziere in Schritten.

| | | | |
|---|---|---|---|
| a) | 3 · 324 = 972 | 5 · 175 = 875 | |
| | 3 · 300 = 900 | 5 · 100 = 500 | |
| | 3 · 20 = 60 | 5 · 70 = 350 | |
| | 3 · 4 = 12 | 5 · 5 = 25 | |
| b) | 129 · 7 = 903 | 198 · 4 = 792 | 479 · 2 = 958 |
| | 100 · 7 = 700 | 100 · 4 = 400 | 400 · 2 = 800 |
| | 20 · 7 = 140 | 90 · 4 = 360 | 70 · 2 = 140 |
| | 9 · 7 = 63 | 8 · 4 = 32 | 9 · 2 = 18 |
| c) | 5 · 183 = 915 | 117 · 8 = 936 | 3 · 296 = 888 |
| | 5 · 100 = 500 | 100 · 8 = 800 | 3 · 200 = 600 |
| | 5 · 80 = 400 | 10 · 8 = 80 | 3 · 90 = 270 |
| | 5 · 3 = 15 | 7 · 8 = 56 | 3 · 6 = 18 |

*** 2** Schreibe die Aufgabe oder die Tauschaufgabe und multipliziere.

| 153 · 6 | 4 · 215 | 274 · 3 |
|---|---|---|
| 153 · 6 = 918 | 4 · 215 = 860 | 274 · 3 = 822 |
| 100 · 6 = 600 | 4 · 200 = 800 | 200 · 3 = 600 |
| 50 · 6 = 300 | 4 · 10 = 40 | 70 · 3 = 210 |
| 3 · 6 = 18 | 4 · 5 = 20 | 4 · 3 = 12 |



## Halbschriftlich dividieren

| 48 : 4 | 52 : 4 |
|---|---|
| 48 : 4 = 12 | 52 : 4 = 13 |
| 40 : 4 = 10 | 40 : 4 = 10 |
| 8 : 4 = 2 | 12 : 4 = 3 |

**1** Zerlege die Zahl in Zehner und Einer. Dividiere in Schritten.

| | | | |
|---|---|---|---|
| a) | 55 : 5 = 11 | 36 : 3 = 12 | 66 : 6 = 11 |
| | 50 : 5 = 10 | 30 : 3 = 10 | 60 : 6 = 10 |
| | 5 : 5 = 1 | 6 : 3 = 2 | 6 : 6 = 1 |
| b) | 39 : 3 = 13 | 28 : 2 = 14 | 77 : 7 = 11 |
| | 30 : 3 = 10 | 20 : 2 = 10 | 70 : 7 = 10 |
| | 9 : 3 = 3 | 8 : 2 = 4 | 7 : 7 = 1 |

**2** Suche zuerst nach dem passenden Zehner. Zerlege die Zahl und dividiere in Schritten.

| | | | |
|---|---|---|---|
| a) | 96 : 8 = 12 | 60 : 5 = 12 | 98 : 7 = 14 |
| | 80 : 8 = 10 | 50 : 5 = 10 | 70 : 7 = 10 |
| | 16 : 8 = 2 | 10 : 5 = 2 | 28 : 7 = 4 |
| b) | 76 : 4 = 19 | 90 : 6 = 15 | 99 : 9 = 11 |
| | 40 : 4 = 10 | 60 : 6 = 10 | 90 : 9 = 10 |
| | 36 : 4 = 9 | 30 : 6 = 5 | 9 : 9 = 1 |
| c) | 57 : 3 = 19 | 85 : 5 = 17 | 72 : 4 = 18 |
| | 30 : 3 = 10 | 50 : 5 = 10 | 40 : 4 = 10 |
| | 27 : 3 = 9 | 35 : 5 = 7 | 32 : 4 = 8 |



## Halbschriftlich dividieren

**1** Dividiere in Schritten.

| | | | |
|---|---|---|---|
| a) | 126 : 7 = 18 | 60 : 4 = 15 | 144 : 9 = 16 |
| | 70 : 7 = 10 | 40 : 4 = 10 | 90 : 9 = 10 |
| | 56 : 7 = 8 | 20 : 4 = 5 | 54 : 9 = 6 |
| b) | 51 : 3 = 17 | 152 : 8 = 19 | 102 : 6 = 17 |
| | 30 : 3 = 10 | 80 : 8 = 10 | 60 : 6 = 10 |
| | 21 : 3 = 7 | 72 : 8 = 9 | 42 : 6 = 7 |
| c) | 95 : 5 = 19 | 112 : 7 = 16 | 32 : 2 = 16 |
| | 50 : 5 = 10 | 70 : 7 = 10 | 20 : 2 = 10 |
| | 45 : 5 = 9 | 42 : 7 = 6 | 12 : 2 = 6 |
| d) | 56 : 4 = 14 | 171 : 9 = 19 | 136 : 8 = 17 |
| | 40 : 4 = 10 | 90 : 9 = 10 | 80 : 8 = 10 |
| | 16 : 4 = 4 | 81 : 9 = 9 | 56 : 8 = 7 |
| e) | 84 : 6 = 14 | 65 : 5 = 13 | 48 : 3 = 16 |
| | 60 : 6 = 10 | 50 : 5 = 10 | 30 : 3 = 10 |
| | 24 : 6 = 4 | 15 : 5 = 3 | 18 : 3 = 6 |
| f) | 144 : 8 = 18 | 38 : 2 = 19 | 153 : 9 = 17 |
| | 80 : 8 = 10 | 20 : 2 = 10 | 90 : 9 = 10 |
| | 64 : 8 = 8 | 18 : 2 = 9 | 63 : 9 = 7 |

186 : 6

186 : 6 = 31
180 : 6 = 30
6 : 6 = 1

192 : 6

192 : 6 = 32
180 : 6 = 30
12 : 6 = 2

Die passende Zerlegung kann ich nicht immer sofort ablesen. Zuerst suche ich nach der passenden Zehnerzahl.

**1** Zerlege die Zahl in Zehnerzahl und Einer. Dividiere in Schritten.

a) 288 : 4 = 72; 280 : 4 = 70; 8 : 4 = 2
217 : 7 = 31; 210 : 7 = 30; 7 : 7 = 1
189 : 9 = 21; 180 : 9 = 20; 9 : 9 = 1

b) 186 : 2 = 93; 180 : 2 = 90; 6 : 2 = 3
455 : 5 = 91; 450 : 5 = 90; 5 : 5 = 1
249 : 3 = 83; 240 : 3 = 80; 9 : 3 = 3

c) 246 : 6 = 41; 240 : 6 = 40; 6 : 6 = 1
328 : 8 = 41; 320 : 8 = 40; 8 : 8 = 1
357 : 7 = 51; 350 : 7 = 50; 7 : 7 = 1

**2** Suche zuerst die passende Zehnerzahl. Zerlege die Zahl und dividiere in Schritten.

a) 255 : 3 = 85; 240 : 3 = 80; 15 : 3 = 5
380 : 5 = 76; 350 : 5 = 70; 30 : 5 = 6
192 : 8 = 24; 160 : 8 = 20; 32 : 8 = 4

b) 567 : 9 = 63; 540 : 9 = 60; 27 : 9 = 3
468 : 6 = 78; 420 : 6 = 70; 48 : 6 = 8
344 : 4 = 86; 320 : 4 = 80; 24 : 4 = 6





**1** Dividiere in Schritten.

a) 441 : 7 = 63; 420 : 7 = 60; 21 : 7 = 3
275 : 5 = 55; 250 : 5 = 50; 25 : 5 = 5
184 : 4 = 46; 160 : 4 = 40; 24 : 4 = 6

b) 306 : 9 = 34; 270 : 9 = 30; 36 : 9 = 4
656 : 8 = 82; 640 : 8 = 80; 16 : 8 = 2
576 : 6 = 96; 540 : 6 = 90; 36 : 6 = 6

c) 192 : 3 = 64; 180 : 3 = 60; 12 : 3 = 4
415 : 5 = 83; 400 : 5 = 80; 15 : 5 = 3
158 : 2 = 79; 140 : 2 = 70; 18 : 2 = 9

d) 378 : 6 = 63; 360 : 6 = 60; 18 : 6 = 3
747 : 9 = 83; 720 : 9 = 80; 27 : 9 = 3
553 : 7 = 79; 490 : 7 = 70; 63 : 7 = 9

**Ricos Einmaleins-Training 8:** Wie viele Aufgaben schaffst du in 1 Minute?

| | | |
|---|---|---|
| 10 · 3 = 30 | 7 · 6 = 42 | 6 · 10 = 60 |
| 3 · 4 = 12 | 8 · 5 = 40 | 9 · 9 = 81 |
| 5 · 7 = 35 | 9 · 6 = 54 | 3 · 7 = 21 |
| 7 · 4 = 28 | 3 · 3 = 9 | 2 · 2 = 4 |
| 9 · 10 = 90 | 4 · 7 = 28 | 7 · 8 = 56 |

In 1 Minute habe ich ____ Aufgaben richtig gerechnet.





Lies die Aufgabe und die Frage (F) genau. Markiere wichtige Angaben. Finde dann einen Lösungsweg (L) und schreibe eine Antwort (A) auf.

Frage (F)
Lösungsweg (L)
Antwort (A)

**1** Heute ist das große Sportfest an der Winterberg-Schule. Alle Schulkinder freuen sich darauf.

a) Beim Fußballturnier treten 6 Mannschaften aus den Klassen 3 und 4 an. Jede Mannschaft besteht aus 7 Kindern.

F: Wie viele Kinder spielen beim Fußballturnier mit?

L: 6 · 7 = 42

A: 42 Kinder spielen beim Fußballturnier mit.

b) Es werden 5 Spielrunden mit je 10 Minuten gespielt. Bei jeder Spielrunde treten die Mannschaften in 3 Spielen gegeneinander an.

F: Wie viele Spiele werden insgesamt gespielt?

L: 5 · 3 = 15

A: Es werden insgesamt 15 Spielrunden gespielt.

c) Beim 50-m-Lauf starten die Kinder in 4er-Gruppen. Insgesamt gibt es 12 Gruppen.

F: Wie viele Kinder starten beim 50-m-Lauf?

L:
12 · 4 = 48
10 · 4 = 40
2 · 4 = 8

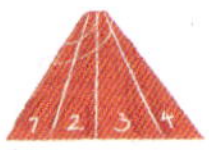

A: Es starten insgesamt 48 Kinder.

d) Für den Ball-Weitwurf bringt die Lehrerin 4 Eimer mit jeweils 30 Bällen mit. 35 Kinder nehmen an dem Wettbewerb teil. Jedes Kind darf 3-mal werfen.

F: Reichen die Bälle in den Eimern, wenn kein Ball wieder eingesammelt wird?

L:
4 · 30 = 120
35 · 3 = 105
30 · 3 = 90
5 · 3 = 15

A: Die Bälle reichen, da nur 105 von 120 Bällen benötigt werden.





* **1** Lies die Aufgabe genau und finde eine Frage (F). Markiere wichtige Angaben. Finde dann einen Lösungsweg (L) und schreibe eine Antwort (A) auf.

a) 54 Kinder haben sich für das Völkerballturnier angemeldet. Sie bilden Mannschaften mit je 6 Kindern.

F: Wie viele Mannschaften nehmen am Völkerballturnier teil?

L: 54 : 6 = 9

A: Es nehmen 9 Mannschaften teil.

b) Für den Mannschaftswettbewerb im 200-m-Lauf haben sich 18 Kinder gemeldet. Sie treten in 3er-Gruppen an.

F: Wie viele Gruppen treten beim 200-m-Lauf an?

L: 18 : 3 = 6

A: Es treten 6 Gruppen an.

c) Beim Ball-Weitwurf bilden je 2 Kinder ein Team. Die Wurfweiten der beiden Kinder werden addiert. Lana und Julius haben zusammen 62 m geworfen. Beide haben genau gleich weit geworfen.

F: Wie weit haben sie jeweils geworfen?

L:
62 : 2 = 31
60 : 2 = 30
2 : 2 = 1

A: Jana und Julius haben jeweils 31 m weit geworfen.

d) Beim Seilsprung-Wettbewerb hat Lina in 3 Minuten 225 Sprünge geschafft. Ihre Freundin Luisa hat pro Minute 70 Sprünge gemeistert.

F: Wie viele Sprünge hat Lina pro Minute geschafft?

L:
225 : 3 = 75
210 : 3 = 70
15 : 3 = 5

A: Lina hat pro Minute 75 Sprünge geschafft.

* Beispiellösung

## Sachaufgaben

Lies die Aufgabe und die Frage (F) genau. Markiere wichtige Angaben.
Finde dann einen Lösungsweg (L) und schreibe eine Antwort (A) auf.

Frage (F)
Lösungsweg (L)
Antwort (A)

**1** Im Tierpark Heuren leben über 600 Tiere.
Da gibt es viel zu entdecken.

a) Für die 4 Hirsche werden jeden Tag 36 kg Futter bereitgestellt.

F: Wie viele kg Futter kann jeder Hirsch am Tag fressen?

L: 36 : 4 = 9

A: Jeder Hirsch kann am Tag 9 kg Futter fressen.

b) Im Tierpark gibt es insgesamt 12 Abteilungen.
In der Abteilung „Kleintiere" gibt es 6 Gehege mit je 14 Tieren.

F: Wie viele Kleintiere gibt es im Tierpark?

L: 6 · 14 = 84
6 · 10 = 60
6 · 4 = 24

A: Im Tierpark gibt es insgesamt 84 Kleintiere.

c) Die 3 Elefanten brauchen rund 270 kg Futter jeden Tag.

F: Wie viel kg Futter frisst ein Elefant am Tag?

L: 270 : 3 = 90

A: Ein Elefant frisst 90 kg Futter am Tag.

d) Im Pferdegestüt gibt es 9 Ställe.
In jedem Stall sind 15 Araber-Pferde untergebracht.

F: Wie viele Pferde gibt es im Gestüt?

L: 9 · 15 = 135
9 · 10 = 90
9 · 5 = 45

A: Im Gestüt gibt es 135 Araber-Pferde.



## Sachaufgaben

* **1** Lies die Aufgabe genau und finde eine Frage (F). Markiere wichtige Angaben.
Finde dann einen Lösungsweg (L) und schreibe eine Antwort (A) auf.

a) Für die Rundfahrt mit dem „Tierpark-Taxi", das von 2 Ponys gezogen wird, haben sich 72 Personen angemeldet. Im „Tierpark-Taxi" haben 9 Personen Platz.

F: Wie oft muss das „Tierpark-Taxi" fahren?

L: 72 : 9 = 8

A: Das „Tierpark-Taxi" muss 8-mal fahren.

b) 5-mal am Tag gibt es auch Parkführungen. An einer Parkführung können höchstens 15 Personen teilnehmen. Heute sind alle Führungen ausgebucht.

F: Wie viele Personen nehmen insgesamt an den Führungen teil?

L: 5 · 15 = 75
5 · 10 = 50
5 · 5 = 25

A: Es nehmen insgesamt 75 Personen teil.

c) Im Tierpark kann man auch Ferienhäuser mieten. 13 Häuser sind für 4 Personen ausgestattet, in 2 Häusern können sogar 6 Personen Urlaub machen. Die Übernachtung im 4-Personen-Haus kostet 200 €, im 6-Personen-Haus kostet sie 240 €.
Familie Keller (2 Erwachsene und 3 Kinder) möchte vier Nächte im Tierpark bleiben.

F: Wie viel kostet der Urlaub von Familie Keller?

L: 4 · 240 € = 960 €
4 · 200 € = 800 €
4 · 40 € = 160 €

A: Der Urlaub von Familie Keller kostet 960 €.

**Ricos Einmaleins-Training 9:** Wie viele Aufgaben schaffst du in 1 Minute?

| | | |
|---|---|---|
| 3 · 3 = 9 | 6 · 7 = 42 | 7 · 2 = 14 |
| 4 · 7 = 28 | 3 · 2 = 6 | 6 · 6 = 36 |
| 7 · 9 = 63 | 6 · 9 = 54 | 2 · 5 = 10 |
| 9 · 4 = 36 | 5 · 3 = 15 | 8 · 6 = 48 |
| 8 · 5 = 40 | 8 · 8 = 64 | 5 · 4 = 20 |

In 1 Minute habe ich ______ Aufgaben richtig gerechnet.



* Beispiellösung



## Teiler

Teiler von 12

| | |
|---|---|
| 12 : (1) = 12 | 12 : 7 = 1 R 5 |
| 12 : (2) = 6 | 12 : 8 = 1 R 4 |
| 12 : (3) = 4 | 12 : 9 = 1 R 3 |
| 12 : (4) = 3 | 12 : 10 = 1 R 2 |
| 12 : 5 = 2 R 2 | 12 : 11 = 1 R 1 |
| 12 : (6) = 2 | 12 : (12) = 1 |

Die Teiler von 12 sind: 1, 2, 3, 4, 6 und 12

**1** Dividiere und kreise die Teiler ein.

a) Finde die Teiler von 9.

| | |
|---|---|
| 9 : (1) = 9 | 9 : 6 = 1 R 3 |
| 9 : 2 = 4 R 1 | 9 : 7 = 1 R 2 |
| 9 : (3) = 3 | 9 : 8 = 1 R 1 |
| 9 : 4 = 2 R 1 | 9 : (9) = 1 |
| 9 : 5 = 1 R 4 | |

Die Teiler von 9 sind: 1, 3 und 9

b) Finde die Teiler von 10.

| | |
|---|---|
| 10 : (1) = 10 | 10 : 6 = 1 R 4 |
| 10 : (2) = 5 | 10 : 7 = 1 R 3 |
| 10 : 3 = 3 R 1 | 10 : 8 = 1 R 2 |
| 10 : 4 = 2 R 2 | 10 : 9 = 1 R 1 |
| 10 : (5) = 2 | 10 : (10) = 1 |

Die Teiler von 10 sind: 1, 2, 5 und 10

**2** Schreibe nur die Aufgaben auf, bei denen kein Rest bleibt.

a) Teiler von 20

20 : 1 = 20 | 20 : 5 = 4
20 : 2 = 10 | 20 : 10 = 2
20 : 4 = 5 | 20 : 20 = 1

Die Teiler von 20 sind:
1, 2, 4, 5, 10 und 20

b) Teiler von 18

18 : 1 = 18 | 18 : 6 = 3
18 : 2 = 9 | 18 : 9 = 2
18 : 3 = 6 | 18 : 18 = 1

Die Teiler von 18 sind:
1, 2, 3, 6, 9 und 18

c) Teiler von 15

15 : 1 = 15 | 15 : 5 = 3
15 : 3 = 5 | 15 : 15 = 1

Die Teiler von 15 sind:
1, 3, 5 und 15

d) Teiler von 11

11 : 1 = 11
11 : 11 = 1

Die Teiler von 11 sind:
1 und 11



## Vielfache

Vielfache von 6

1 · 6 = 6
2 · 6 = 12
3 · 6 = 18
4 · 6 = 24

Vielfache von 6 sind: 6, 12, 18, 24, 30, …

**1** Schreibe die ersten 12 Vielfachen auf.

a) Vielfache von 6: 6, 12, 18, 24, 30, 36, 42, 48, 54, 60, 66, 72

b) Vielfache von 8: 8, 16, 24, 32, 40, 48, 56, 64, 72, 80, 88, 96

c) Vielfache von 3: 3, 6, 9, 12, 15, 18, 21, 24, 27, 30, 33, 36

**2** Umkreise Vielfache in der Hundertertafel und schreibe gemeinsame Vielfache auf.

a) Umkreise alle Vielfachen von 3 mit Rot.

b) Umkreise alle Vielfachen von 7 mit Blau.

c) Schreibe alle Zahlen auf, die Vielfaches von 3 und auch Vielfaches von 7 sind.

21, 42, 63 und 84

| | | | | | | | | | |
|---|---|---|---|---|---|---|---|---|---|
| 1 | 2 | 3 | 4 | 5 | 6 | 7 | 8 | 9 | 10 |
| 11 | 12 | 13 | 14 | 15 | 16 | 17 | 18 | 19 | 20 |
| 21 | 22 | 23 | 24 | 25 | 26 | 27 | 28 | 29 | 30 |
| 31 | 32 | 33 | 34 | 35 | 36 | 37 | 38 | 39 | 40 |
| 41 | 42 | 43 | 44 | 45 | 46 | 47 | 48 | 49 | 50 |
| 51 | 52 | 53 | 54 | 55 | 56 | 57 | 58 | 59 | 60 |
| 61 | 62 | 63 | 64 | 65 | 66 | 67 | 68 | 69 | 70 |
| 71 | 72 | 73 | 74 | 75 | 76 | 77 | 78 | 79 | 80 |
| 81 | 82 | 83 | 84 | 85 | 86 | 87 | 88 | 89 | 90 |
| 91 | 92 | 93 | 94 | 95 | 96 | 97 | 98 | 99 | 100 |

**3** Schreibe die ersten 12 Vielfachen auf.

a) Vielfache von 2: 2, 4, 6, 8, 10, 12, 14, 16, 18, 20, 22, 24

b) Vielfache von 5: 5, 10, 15, 20, 25, 30, 35, 40, 45, 50, 55, 60

**4** Schreibe die gemeinsamen Vielfachen von 2 und von 5 auf. Wie geht es weiter?

10, 20, 30, 40, 50, 60, 70, 80, 90, 100, 110

**1** Ergänze.

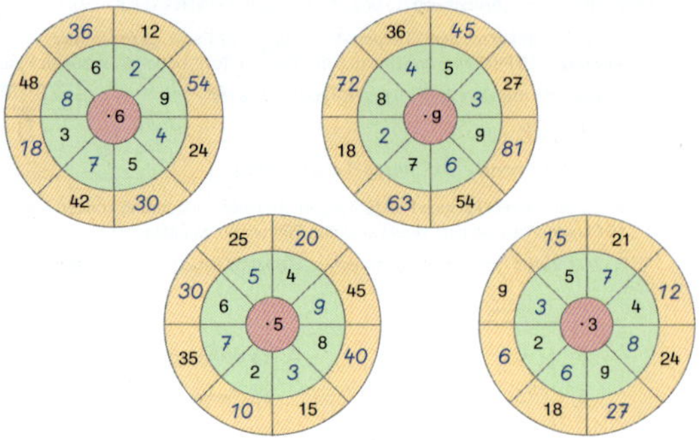


**2** Rechne.

| · | 3 | 5 | 6 | 7 | 9 | 10 |
|---|---|---|---|---|---|---|
| 3 | 9 | 15 | 18 | 21 | 27 | 30 |
| 7 | 21 | 35 | 42 | 49 | 63 | 70 |

| : | 6 | 4 | 3 | 2 |
|---|---|---|---|---|
| 24 | 4 | 6 | 8 | 12 |
| 36 | 6 | 9 | 12 | 18 |

**3** Ergänze.

a)
- 140 · 70 · 420 — 2 · 6 — 12
- 120 · 4 · 36 — 30 · 9 — 270
- 40 · 8 · 400 — 5 · 50 — 250

b)
- 320 · 80 · 640 — 4 · 8 — 32
- 18 · 6 · 540 — 3 · 90 — 270
- 560 · 7 · 42 — 80 · 6 — 480





**1** Finde die fehlende Zahl und schreibe immer 4 Aufgaben.

| 40, 6, 240 | 540, 9, 60 | 7, 350, 50 |
|---|---|---|
| 6 · 40 = 240 | 9 · 60 = 540 | 7 · 50 = 350 |
| 40 · 6 = 240 | 60 · 9 = 540 | 50 · 7 = 350 |
| 240 : 6 = 40 | 540 : 9 = 60 | 350 : 7 = 50 |
| 240 : 40 = 6 | 540 : 60 = 9 | 350 : 50 = 7 |

**2** Multipliziere in Schritten.

| | | |
|---|---|---|
| 6 · 53 = 318 | 3 · 86 = 258 | 8 · 48 = 384 |
| 6 · 50 = 300 | 3 · 80 = 240 | 8 · 40 = 320 |
| 6 · 3 = 18 | 3 · 6 = 18 | 8 · 8 = 64 |
| 29 · 5 = 145 | 34 · 7 = 238 | 97 · 4 = 388 |
| 20 · 5 = 100 | 30 · 7 = 210 | 90 · 4 = 360 |
| 9 · 5 = 45 | 4 · 7 = 28 | 7 · 4 = 28 |

**3** Dividiere in Schritten.

| | | |
|---|---|---|
| 96 : 8 = 12 | 135 : 9 = 15 | 119 : 7 = 17 |
| 80 : 8 = 10 | 90 : 9 = 10 | 70 : 7 = 10 |
| 16 : 8 = 2 | 45 : 9 = 5 | 49 : 7 = 7 |

**Ricos Einmaleins-Training 10:** Wie viele Aufgaben schaffst du in 1 Minute?

| | | |
|---|---|---|
| 5 · 2 = 10 | 2 · 3 = 6 | 9 · 4 = 36 |
| 7 · 5 = 35 | 6 · 4 = 24 | 7 · 6 = 42 |
| 4 · 8 = 32 | 4 · 5 = 20 | 5 · 9 = 45 |
| 10 · 6 = 60 | 8 · 8 = 64 | 8 · 3 = 24 |
| 3 · 9 = 27 | 5 · 7 = 35 | 4 · 7 = 28 |

In 1 Minute habe ich ____ Aufgaben richtig gerechnet.





**1** Rico Schnabel ist ein Schnabeltier.
Finde die Informationen über Schnabeltiere mithilfe der Aufgaben.

Rechne und setze die Buchstaben bei den Lösungszahlen ein.

a)

4 · 15 = 60 R | 5 · 17 = 85 I | 9 · 12 = 108 U

3 · 12 = 36 L | 7 · 11 = 77 E | 8 · 13 = 104 A | 6 · 14 = 84 S

9 · 16 = 144 A | 4 · 19 = 76 T | 5 · 18 = 90 N

Schnabeltiere leben in A U S T R A L I E N.

| A | U | S | T | R | A | L | I | E | N |
|---|---|---|---|---|---|---|---|---|---|
| 144 | 108 | 84 | 76 | 60 | 104 | 36 | 85 | 77 | 90 |

b)

35 : 5 = 7 E | 18 : 9 = 2 W | 28 : 2 = 14 N

72 : 8 = 9 B | 42 : 7 = 6 R | 32 : 8 = 4 R

44 : 4 = 11 B | 60 : 6 = 10 K | 24 : 3 = 8 E

21 : 7 = 3 Ü | 39 : 3 = 13 A | 45 : 9 = 5 M | 72 : 6 = 12 R

Sie fressen K R A B B E N und W Ü R M E R.

| K | R | A | B | B | E | N | | W | Ü | R | M | E | R |
|---|---|---|---|---|---|---|---|---|---|---|---|---|---|
| 10 | 4 | 13 | 9 | 11 | 7 | 14 | | 2 | 3 | 6 | 5 | 8 | 12 |

c)

5 · 40 = 200 Z | 50 · 6 = 300 Ü | 450 : 9 = 50 I

9 · 70 = 630 N | 280 : 4 = 70 F | 6 · 30 = 180 G | 320 : 8 = 40 F

Schnabeltiere werden etwa F Ü N F Z I G cm lang.

| F | Ü | N | F | Z | I | G |
|---|---|---|---|---|---|---|
| 70 | 300 | 630 | 40 | 200 | 50 | 180 |

**1** Lies die Aufgabe genau und finde eine Frage (F). Markiere wichtige Angaben.
Finde dann einen Lösungsweg (L) und schreibe die Antwort (A) auf.

a) Frau Steiß strickt gerne Socken.
Sie hat schon 12 Paar Socken fertig. Diese schenkt sie ihren 4 Enkelkindern.

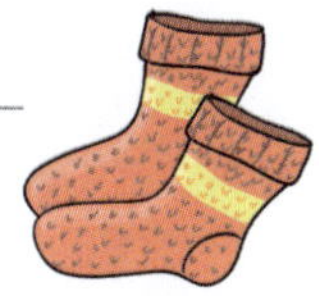

F: ______________________________

L: ______________________________

A: ______________________________

b) Die Klasse 3b unternimmt einen Ausflug ins Tiergehege.
Für die Fahrt dorthin werden die 24 Kinder gleichmäßig auf 3 Kleinbusse verteilt.

F: ______________________________

L: ______________________________

A: ______________________________

c) Die Hühner von Herrn Müller haben diese Woche 33 Eier gelegt.
Leider sind ihm 3 Eier heruntergefallen.
Die restlichen Eier verpackt Herr Müller in 6er-Kartons.

F: ______________________________

L: ______________________________

______________________________

A: ______________________________

d) Frau Nowak hat ein großes Aquarium mit 52 Fischen.
Sie hat 4 Harnischwelse und 3 Schleierschwänze.
Außerdem hat sie noch Guppys, Mollys, Plattys, Salmler und Skalare.
Von diesen 5 Sorten hat sie jeweils gleich viele.

F: ______________________________

L: ______________________________

______________________________

A: ______________________________

**1** Löse die Aufgaben.

| | | | |
|---|---|---|---|
| $2 \cdot 3 =$ ☐ | $7 \cdot 1 =$ ☐ | $5 \cdot 2 =$ ☐ | $1 \cdot 6 =$ ☐ |
| $2 \cdot 30 =$ ☐ | $7 \cdot 10 =$ ☐ | $5 \cdot 20 =$ ☐ | $1 \cdot 60 =$ ☐ |
| $2 \cdot 300 =$ ☐ | $7 \cdot 100 =$ ☐ | $5 \cdot 200 =$ ☐ | $1 \cdot 600 =$ ☐ |

**2** Rechne zuerst die kleine Aufgabe, danach die große Aufgabe.

a)

| | | | |
|---|---|---|---|
| $5 \cdot 3 =$ ☐ | $6 \cdot 4 =$ ☐ | $8 \cdot 5 =$ ☐ | $7 \cdot 6 =$ ☐ |
| $5 \cdot 30 =$ ☐ | $6 \cdot 40 =$ ☐ | $8 \cdot 50 =$ ☐ | $7 \cdot 60 =$ ☐ |
| $4 \cdot 9 =$ ☐ | $2 \cdot 8 =$ ☐ | $3 \cdot 2 =$ ☐ | $9 \cdot 7 =$ ☐ |
| $4 \cdot 90 =$ ☐ | $2 \cdot 80 =$ ☐ | $3 \cdot 20 =$ ☐ | $9 \cdot 70 =$ ☐ |

b)

| | | | |
|---|---|---|---|
| $6 \cdot 8 =$ ☐ | $4 \cdot 5 =$ ☐ | $7 \cdot 3 =$ ☐ | $5 \cdot 9 =$ ☐ |
| $60 \cdot 8 =$ ☐ | $40 \cdot 5 =$ ☐ | $70 \cdot 3 =$ ☐ | $50 \cdot 9 =$ ☐ |
| $8 \cdot 9 =$ ☐ | $3 \cdot 6 =$ ☐ | $9 \cdot 4 =$ ☐ | $2 \cdot 5 =$ ☐ |
| $80 \cdot 9 =$ ☐ | $30 \cdot 6 =$ ☐ | $90 \cdot 4 =$ ☐ | $20 \cdot 5 =$ ☐ |

**3** Multipliziere. Denke an die kleine Aufgabe.

| | | | |
|---|---|---|---|
| $7 \cdot 70 =$ ☐ | $8 \cdot 60 =$ ☐ | $4 \cdot 80 =$ ☐ | $5 \cdot 30 =$ ☐ |
| $60 \cdot 5 =$ ☐ | $30 \cdot 9 =$ ☐ | $20 \cdot 4 =$ ☐ | $90 \cdot 3 =$ ☐ |

**4** Multipliziere. Was fällt dir auf?

| | | | |
|---|---|---|---|
| $6 \cdot 40 =$ ☐ | $3 \cdot 80 =$ ☐ | $5 \cdot 70 =$ ☐ | $9 \cdot 20 =$ ☐ |
| $4 \cdot 60 =$ ☐ | $8 \cdot 30 =$ ☐ | $7 \cdot 50 =$ ☐ | $2 \cdot 90 =$ ☐ |
| $4 \cdot 30 =$ ☐ | $7 \cdot 90 =$ ☐ | $8 \cdot 40 =$ ☐ | $2 \cdot 60 =$ ☐ |
| $3 \cdot 40 =$ ☐ | $9 \cdot 70 =$ ☐ | $4 \cdot 80 =$ ☐ | $6 \cdot 20 =$ ☐ |

Mir fällt auf, dass ______________________________

**1** Multipliziere.

| Oben | Links unten | Rechts unten | Linkes Feld | Rechtes Feld | Unteres Feld |
|---|---|---|---|---|---|
| 50 | 3 | 8 | 150 | | 24 |
| 7 | 20 | 6 | | | |
| 9 | 4 | 80 | | | |
| 4 | 60 | 5 | | | |
| 8 | 2 | 40 | | | |
| 70 | 4 | 3 | | | |

**2** Zu jedem Ergebnis passen zwei Multiplikationsaufgaben.
Male sie mit der Farbe der Ergebnisse an.

240 420 360 180 480 120

6 · 40 7 · 60 6 · 80 4 · 90 6 · 30 6 · 20 6 · 70 9 · 20 4 · 30 8 · 60 8 · 30 6 · 60

**Ricos Einmaleins-Training 6:** Wie viele Aufgaben schaffst du in 1 Minute?

| | | |
|---|---|---|
| 3 · 4 = ___ | 3 · 8 = ___ | 9 · 5 = ___ |
| 7 · 6 = ___ | 4 · 2 = ___ | 7 · 3 = ___ |
| 2 · 3 = ___ | 7 · 7 = ___ | 6 · 8 = ___ |
| 5 · 8 = ___ | 6 · 4 = ___ | 5 · 6 = ___ |
| 3 · 5 = ___ | 8 · 9 = ___ | 4 · 9 = ___ |

In 1 Minute habe ich ______ Aufgaben richtig gerechnet.

**1** Löse die Aufgaben.

| | | | | |
|---|---|---|---|---|
| a) | 8 : 2 = | 6 : 3 = | 4 : 2 = | 9 : 3 = |
| | 80 : 2 = | 60 : 3 = | 40 : 2 = | 90 : 3 = |
| | 800 : 2 = | 600 : 3 = | 400 : 2 = | 900 : 3 = |
| b) | 42 : 6 = | 20 : 4 = | 21 : 7 = | 18 : 3 = |
| | 420 : 6 = | 200 : 4 = | 210 : 7 = | 180 : 3 = |
| | 420 : 60 = | 200 : 40 = | 210 : 70 = | 180 : 30 = |

**2** Rechne zuerst die kleine Aufgabe, danach die große Aufgabe.

| | | | | |
|---|---|---|---|---|
| a) | 35 : 5 = | 24 : 4 = | 81 : 9 = | 18 : 6 = |
| | 350 : 5 = | 240 : 4 = | 810 : 9 = | 180 : 6 = |
| | 16 : 2 = | 28 : 7 = | 24 : 3 = | 48 : 8 = |
| | 160 : 2 = | 280 : 7 = | 240 : 3 = | 480 : 8 = |
| b) | 36 : 4 = | 12 : 3 = | 45 : 5 = | 27 : 9 = |
| | 360 : 40 = | 120 : 30 = | 450 : 50 = | 270 : 90 = |
| | 48 : 6 = | 40 : 8 = | 49 : 7 = | 12 : 2 = |
| | 480 : 60 = | 400 : 80 = | 490 : 70 = | 120 : 20 = |

**3** Dividiere. Denke an die kleine Aufgabe.

| | | | | |
|---|---|---|---|---|
| a) | 150 : 3 = | 240 : 6 = | 200 : 5 = | 140 : 2 = |
| | 160 : 8 = | 420 : 7 = | 320 : 4 = | 540 : 9 = |
| b) | 560 : 70 = | 360 : 90 = | 360 : 60 = | 280 : 70 = |
| | 300 : 50 = | 180 : 20 = | 240 : 80 = | 270 : 30 = |

**1** Dividiere.

| : | 2 | 20 |
|---|---|---|
| 60 | | |
| 140 | | |
| 180 | | |

| : | 5 | 50 |
|---|---|---|
| 100 | | |
| 250 | | |
| 400 | | |

| : | 7 | 70 |
|---|---|---|
| 280 | | |
| 560 | | |
| 630 | | |

| : | 9 | 90 |
|---|---|---|
| 90 | | |
| 360 | | |
| 540 | | |

| : | 6 | 60 |
|---|---|---|
| 240 | | |
| 360 | | |
| 420 | | |

**2** Zu jedem Ergebnis passen zwei Divisionsaufgaben.
Male sie mit der Farbe der Ergebnisse an.

40 60 80 50 30 70

150 : 3 360 : 9 480 : 6 200 : 5
350 : 5 120 : 2 180 : 6 210 : 3 400 : 8
270 : 9 240 : 4 560 : 7

**3** Schreibe immer 4 Aufgaben.

240 40 6

| | | | | |
|---|---|---|---|---|
| 6 | · | 40 | = | |
| | · | | = | |
| | : | | = | |
| | : | | = | |

70 210 3

| | | | | |
|---|---|---|---|---|
| | · | | = | |
| | · | | = | |
| | : | | = | |
| | : | | = | |

5 90 450

| | | | | |
|---|---|---|---|---|
| | · | | = | |
| | · | | = | |
| | : | | = | |
| | : | | = | |

Ich denke mir eine Zahl.
Ich nehme sie mal 4
und erhalte 120.
Wie heißt die Zahl?

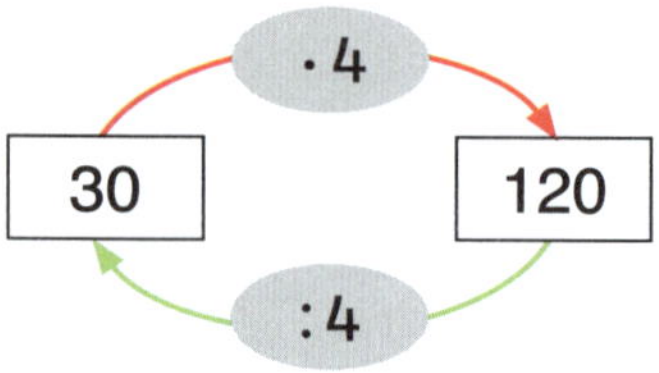


Meine Zahl heißt: 30

**1** Wie heißen die gedachten Zahlen der Kinder?

Rahel denkt sich eine Zahl.
Sie nimmt sie mal 7
und erhält 280.
Wie heißt Rahels Zahl?

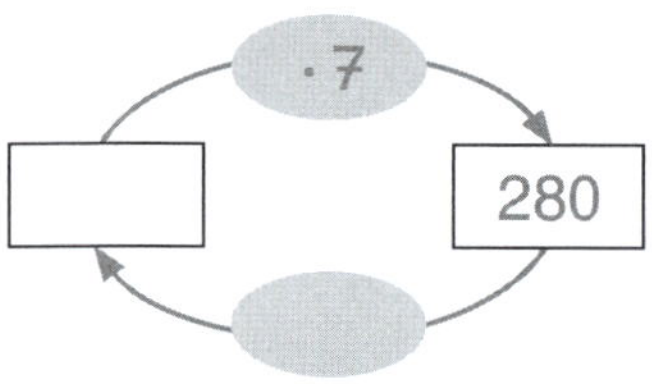


Rahels Zahl heißt: ___

Balu denkt sich eine Zahl.
Er teilt sie durch 8
und erhält 70.
Wie heißt Balus Zahl?

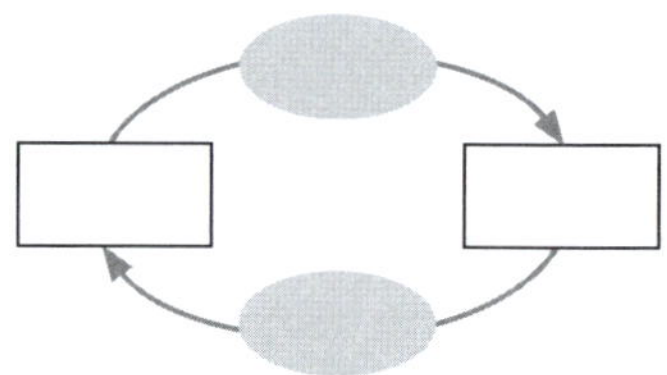

Balus Zahl heißt: ___

Frieda denkt sich eine Zahl.
Sie nimmt sie mal 60
und erhält 540.
Wie heißt Friedas Zahl?

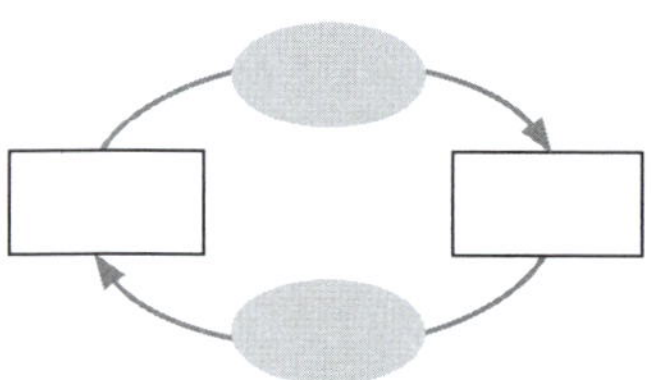

Friedas Zahl heißt: ___

Thomas denkt sich eine Zahl.
Er teilt sie durch 50
und erhält 5.
Wie heißt Thomas' Zahl?

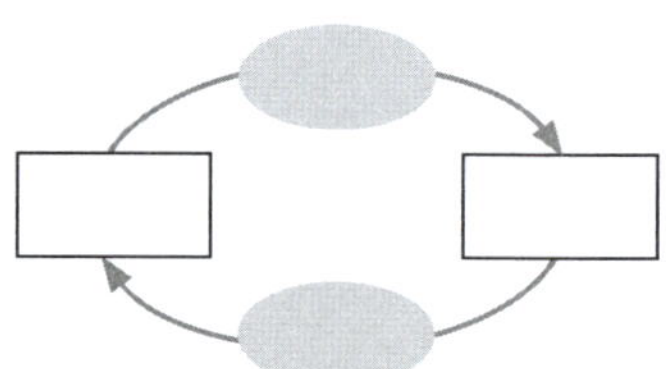

Thomas' Zahl heißt: ___

## 1 Wie heißen die gedachten Zahlen der Kinder?

Dunya denkt sich eine Zahl.
Sie nimmt sie mal 60, danach teilt sie durch 4. Sie erhält 90.
Wie heißt Dunyas Zahl?

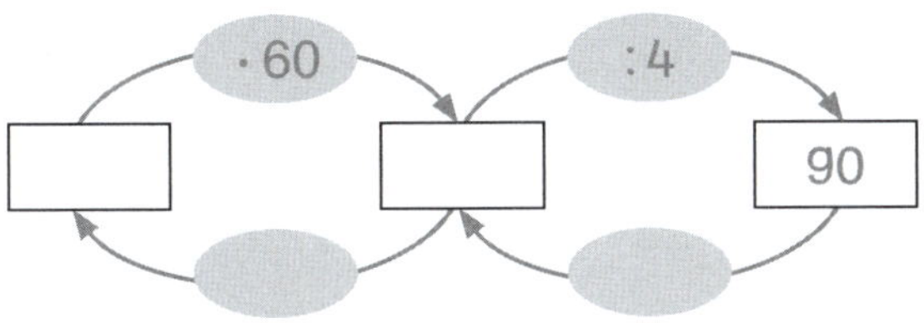


Dunyas Zahl heißt: ☐

Tammo denkt sich eine Zahl.
Er teilt sie durch 80. Dann nimmt er mal 30. Er erhält 270.
Wie heißt Tammos Zahl?

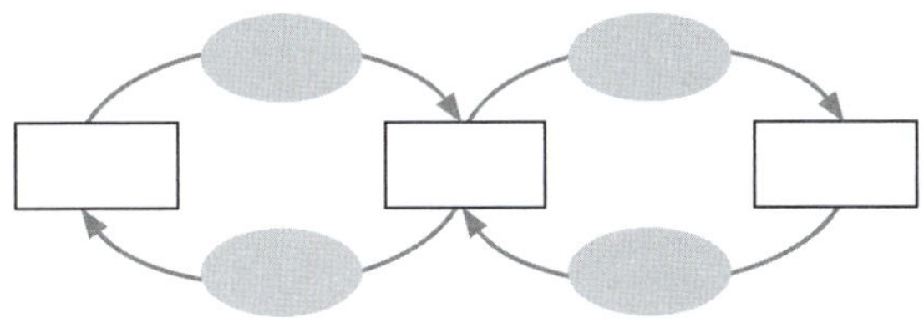

Tammos Zahl heißt: ☐

Elif denkt sich eine Zahl.
Sie nimmt sie mal 4, danach teilt sie durch 70. Sie erhält 4.
Wie heißt Elifs Zahl?

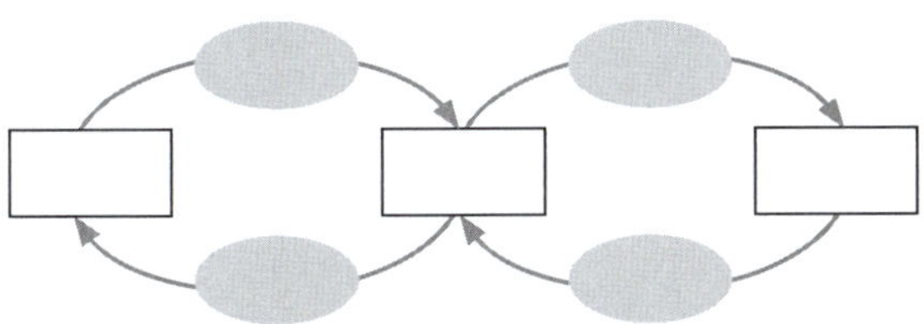

Elifs Zahl heißt: ☐

Nico denkt sich eine Zahl.
Er teilt sie durch 9. Dann nimmt er mal 7. Er erhält 420.
Wie heißt Nicos Zahl?

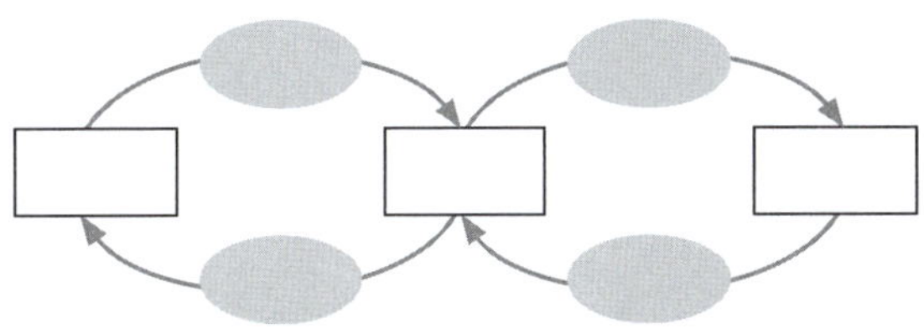

Nicos Zahl heißt: ☐

## 2 Ergänze das Pfeilbild.

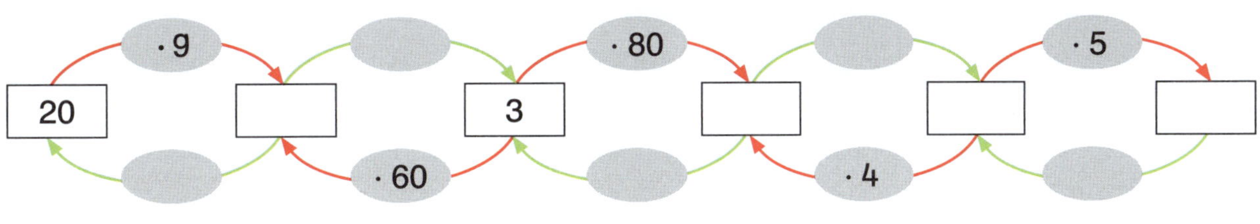

3 · 14

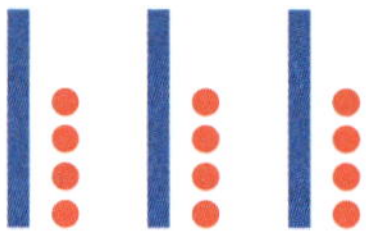

| | | | | |
|---|---|---|---|---|
| 3 · | 14 | = | 42 |
| 3 · | 10 | = | 30 |
| 3 · | 4 | = | 12 |

**1** Multipliziere in Schritten.

a) 4 · 12 =
4 · 10 =
4 · 2 =

7 · 15 =
· =
· =

3 · 17 =
· =
· =

b) 5 · 19 =
· =
· =

6 · 16 =
· =
· =

4 · 13 =
· =
· =

c) 7 · 18 =
· =
· =

8 · 11 =
· =
· =

9 · 14 =
· =
· =

d) 6 · 15 =
· =
· =

4 · 18 =
· =
· =

7 · 16 =
· =
· =

e) 5 · 13 =
· =
· =

9 · 12 =
· =
· =

8 · 19 =
· =
· =

## 1 Multipliziere in Schritten.

a)

| | | |
|---|---|---|
| 7 · 53 = | 4 · 39 = | 9 · 68 = |
| 7 · 50 = | · = | · = |
| 7 · 3 = | · = | · = |

b)

| | | |
|---|---|---|
| 3 · 84 = | 6 · 72 = | 8 · 95 = |
| · = | · = | · = |
| · = | · = | · = |

c)

| | | |
|---|---|---|
| 5 · 56 = | 2 · 98 = | 7 · 46 = |
| · = | · = | · = |
| · = | · = | · = |

d)

| | | |
|---|---|---|
| 6 · 85 = | 9 · 49 = | 4 · 67 = |
| · = | · = | · = |
| · = | · = | · = |

**Ricos Einmaleins-Training 7:** Wie viele Aufgaben schaffst du in 1 Minute?

| | | |
|---|---|---|
| 10 · 6 = | 9 · 7 = | 7 · 7 = |
| 7 · 8 = | 8 · 10 = | 10 · 5 = |
| 5 · 3 = | 3 · 6 = | 6 · 2 = |
| 2 · 4 = | 4 · 8 = | 8 · 9 = |
| 9 · 5 = | 6 · 7 = | 9 · 3 = |

In 1 Minute habe ich ______ Aufgaben richtig gerechnet.

**1** Rechne die Aufgabe und ihre Tauschaufgabe. Was stellst du fest?

| Aufgabe: | Tauschaufgabe: |
|---|---|
| 8 · 26 = | 26 · 8 = |
| 8 · 20 = | · = |
| 8 · 6 = | · = |

| Aufgabe: | Tauschaufgabe: |
|---|---|
| 82 · 4 = | 4 · 82 = |
| 80 · 4 = | · = |
| 2 · 4 = | · = |

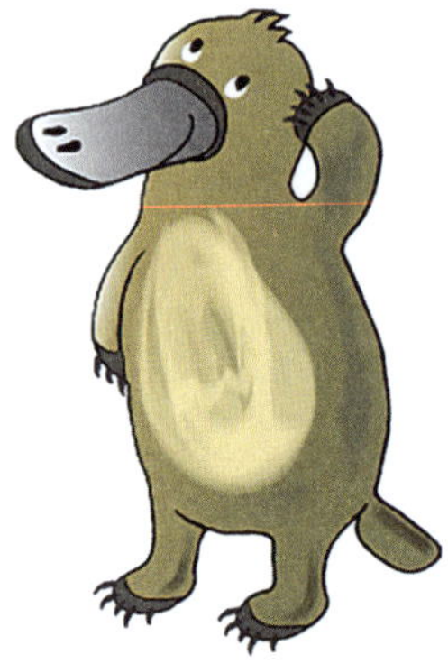

Ich stelle fest, dass ______________________________

**2** Multipliziere in Schritten.

| | | |
|---|---|---|
| 9 · 56 = | 35 · 6 = | 5 · 49 = |
| · = | · = | · = |
| · = | · = | · = |

| | | |
|---|---|---|
| 77 · 7 = | 8 · 88 = | 99 · 9 = |
| · = | · = | · = |
| · = | · = | · = |

**3** Schreibe die Aufgabe oder die Tauschaufgabe und multipliziere.

| 37 · 8 | 4 · 86 | 92 · 9 |
|---|---|---|
| · = | · = | · = |
| · = | · = | · = |
| · = | · = | · = |

## 1 Multipliziere in Schritten.

a)

| 3 · 324 = | | | |
|---|---|---|---|
| 3 · | 300 | = | 900 |
| 3 · | 20 | = | 60 |
| 3 · | 4 | = | 12 |

| 5 · 175 = | | | |
|---|---|---|---|
| · | | = | |
| · | | = | |
| · | | = | |

b)

| 129 · 7 = | | | |
|---|---|---|---|
| | · | = | |
| | · | = | |
| | · | = | |

| 198 · 4 = | | | |
|---|---|---|---|
| | · | = | |
| | · | = | |
| | · | = | |

| 479 · 2 = | | | |
|---|---|---|---|
| | · | = | |
| | · | = | |
| | · | = | |

c)

| 5 · 183 = | | | |
|---|---|---|---|
| · | | = | |
| · | | = | |
| · | | = | |

| 117 · 8 = | | | |
|---|---|---|---|
| | · | = | |
| | · | = | |
| | · | = | |

| 3 · 296 = | | | |
|---|---|---|---|
| · | | = | |
| · | | = | |
| · | | = | |

## 2 Schreibe die Aufgabe oder die Tauschaufgabe und multipliziere.

| 153 · 6 | 4 · 215 | 274 · 3 |
|---|---|---|
| · = | · = | · = |
| · = | · = | · = |
| · = | · = | · = |
| · = | · = | · = |

**48 : 4**

| | | | | |
|---|---|---|---|---|
| 48 | : | 4 | = | 12 |
| 40 | : | 4 | = | 10 |
| 8 | : | 4 | = | 2 |

**52 : 4**

| | | | | |
|---|---|---|---|---|
| 52 | : | 4 | = | 13 |
| 40 | : | 4 | = | 10 |
| 12 | : | 4 | = | 3 |

**1** Zerlege die Zahl in Zehner und Einer. Dividiere in Schritten.

a)

| | | | | |
|---|---|---|---|---|
| 55 | : | 5 | = | |
| 50 | : | 5 | = | |
| | : | | = | |

| | | | | |
|---|---|---|---|---|
| 36 | : | 3 | = | |
| | : | | = | |
| | : | | = | |

| | | | | |
|---|---|---|---|---|
| 66 | : | 6 | = | |
| | : | | = | |
| | : | | = | |

b)

| | | | | |
|---|---|---|---|---|
| 39 | : | 3 | = | |
| | : | | = | |
| | : | | = | |

| | | | | |
|---|---|---|---|---|
| 28 | : | 2 | = | |
| | : | | = | |
| | : | | = | |

| | | | | |
|---|---|---|---|---|
| 77 | : | 7 | = | |
| | : | | = | |
| | : | | = | |

**2** Suche zuerst nach dem passenden Zehner. Zerlege die Zahl und dividiere in Schritten.

a)

| | | | | |
|---|---|---|---|---|
| 96 | : | 8 | = | |
| 80 | : | | = | |
| | : | | = | |

| | | | | |
|---|---|---|---|---|
| 60 | : | 5 | = | |
| | : | | = | |
| | : | | = | |

| | | | | |
|---|---|---|---|---|
| 98 | : | 7 | = | |
| | : | | = | |
| | : | | = | |

b)

| | | | | |
|---|---|---|---|---|
| 76 | : | 4 | = | |
| | : | | = | |
| | : | | = | |

| | | | | |
|---|---|---|---|---|
| 90 | : | 6 | = | |
| | : | | = | |
| | : | | = | |

| | | | | |
|---|---|---|---|---|
| 99 | : | 9 | = | |
| | : | | = | |
| | : | | = | |

c)

| | | | | |
|---|---|---|---|---|
| 57 | : | 3 | = | |
| | : | | = | |
| | : | | = | |

| | | | | |
|---|---|---|---|---|
| 85 | : | 5 | = | |
| | : | | = | |
| | : | | = | |

| | | | | |
|---|---|---|---|---|
| 72 | : | 4 | = | |
| | : | | = | |
| | : | | = | |

## 1 Dividiere in Schritten.

a)

| 126 : 7 = | 60 : 4 = | 144 : 9 = |
|---|---|---|
| 70 : 7 = | : = | : = |
| 56 : 7 = | : = | : = |

b)

| 51 : 3 = | 152 : 8 = | 102 : 6 = |
|---|---|---|
| : = | : = | : = |
| : = | : = | : = |

c)

| 95 : 5 = | 112 : 7 = | 32 : 2 = |
|---|---|---|
| : = | : = | : = |
| : = | : = | : = |

d)

| 56 : 4 = | 171 : 9 = | 136 : 8 = |
|---|---|---|
| : = | : = | : = |
| : = | : = | : = |

e)

| 84 : 6 = | 65 : 5 = | 48 : 3 = |
|---|---|---|
| : = | : = | : = |
| : = | : = | : = |

f)

| 144 : 8 = | 38 : 2 = | 153 : 9 = |
|---|---|---|
| : = | : = | : = |
| : = | : = | : = |

| 186 : 6 | | | |
|---|---|---|---|
| 186 | : 6 | = | 31 |
| 180 | : 6 | = | 30 |
| 6 | : 6 | = | 1 |

| 192 : 6 | | | |
|---|---|---|---|
| 192 | : 6 | = | 32 |
| 180 | : 6 | = | 30 |
| 12 | : 6 | = | 2 |

**1** Zerlege die Zahl in Zehnerzahl und Einer. Dividiere in Schritten.

a)

| 288 | : 4 | = | |
|---|---|---|---|
| 280 | : 4 | = | |
| | : | = | |

| 217 | : 7 | = | |
|---|---|---|---|
| | : | = | |
| | : | = | |

| 189 | : 9 | = | |
|---|---|---|---|
| | : | = | |
| | : | = | |

b)

| 186 | : 2 | = | |
|---|---|---|---|
| | : | = | |
| | : | = | |

| 455 | : 5 | = | |
|---|---|---|---|
| | : | = | |
| | : | = | |

| 249 | : 3 | = | |
|---|---|---|---|
| | : | = | |
| | : | = | |

c)

| 246 | : 6 | = | |
|---|---|---|---|
| | : | = | |
| | : | = | |

| 328 | : 8 | = | |
|---|---|---|---|
| | : | = | |
| | : | = | |

| 357 | : 7 | = | |
|---|---|---|---|
| | : | = | |
| | : | = | |

**2** Suche zuerst die passende Zehnerzahl. Zerlege die Zahl und dividiere in Schritten.

a)

| 255 | : 3 | = | |
|---|---|---|---|
| 240 | : | = | |
| | : | = | |

| 380 | : 5 | = | |
|---|---|---|---|
| | : | = | |
| | : | = | |

| 192 | : 8 | = | |
|---|---|---|---|
| | : | = | |
| | : | = | |

b)

| 567 | : 9 | = | |
|---|---|---|---|
| | : | = | |
| | : | = | |

| 468 | : 6 | = | |
|---|---|---|---|
| | : | = | |
| | : | = | |

| 344 | : 4 | = | |
|---|---|---|---|
| | : | = | |
| | : | = | |

## 1 Dividiere in Schritten.

a)

| 441 : 7 = | 275 : 5 = | 184 : 4 = |
|---|---|---|
| 420 : 7 = | : = | : = |
| : 7 = | : = | : = |

b)

| 306 : 9 = | 656 : 8 = | 576 : 6 = |
|---|---|---|
| : = | : = | : = |
| : = | : = | : = |

c)

| 192 : 3 = | 415 : 5 = | 158 : 2 = |
|---|---|---|
| : = | : = | : = |
| : = | : = | : = |

d)

| 378 : 6 = | 747 : 9 = | 553 : 7 = |
|---|---|---|
| : = | : = | : = |
| : = | : = | : = |

**Ricos Einmaleins-Training 8:** Wie viele Aufgaben schaffst du in 1 Minute?

| | | |
|---|---|---|
| 10 · 3 = ☐ | 7 · 6 = ☐ | 6 · 10 = ☐ |
| 3 · 4 = ☐ | 8 · 5 = ☐ | 9 · 9 = ☐ |
| 5 · 7 = ☐ | 9 · 6 = ☐ | 3 · 7 = ☐ |
| 7 · 4 = ☐ | 3 · 3 = ☐ | 2 · 2 = ☐ |
| 9 · 10 = ☐ | 4 · 7 = ☐ | 7 · 8 = ☐ |

In 1 Minute habe ich ______ Aufgaben richtig gerechnet.

Lies die Aufgabe und die Frage (F) genau. Markiere wichtige Angaben.
Finde dann einen Lösungsweg (L) und schreibe eine Antwort (A) auf.

Frage (F)
Lösungsweg (L)
Antwort (A)

**1** Heute ist das große Sportfest an der Winterberg-Schule.
Alle Schulkinder freuen sich darauf.

a) Beim Fußballturnier treten 6 Mannschaften aus den Klassen 3 und 4 an.
Jede Mannschaft besteht aus 7 Kindern.

F: Wie viele Kinder spielen beim Fußballturnier mit?

L: ______________________________

A: ______________________________________________________________

b) Es werden 5 Spielrunden mit je 10 Minuten gespielt.
Bei jeder Spielrunde treten die Mannschaften in 3 Spielen gegeneinander an.

F: Wie viele Spiele werden insgesamt gespielt?

L: ______________________________

A: ______________________________________________________________

c) Beim 50-m-Lauf starten die Kinder in 4er-Gruppen.
Insgesamt gibt es 12 Gruppen.

F: Wie viele Kinder starten beim 50-m-Lauf?

L:

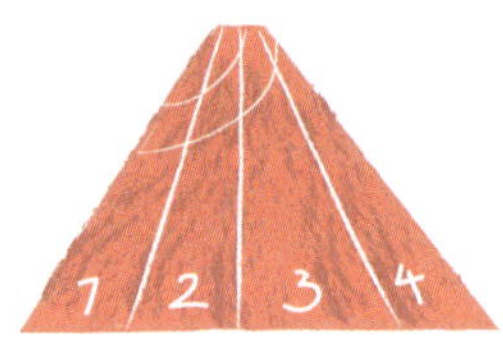


A: ______________________________________________________________

d) Für den Ball-Weitwurf bringt die Lehrerin 4 Eimer mit jeweils 30 Bällen mit.
35 Kinder nehmen an dem Wettbewerb teil. Jedes Kind darf 3-mal werfen.

F: Reichen die Bälle in den Eimern, wenn kein Ball wieder eingesammelt wird?

L:

A: ______________________________________________________________

**1** Lies die Aufgabe genau und finde eine Frage (F). Markiere wichtige Angaben. Finde dann einen Lösungsweg (L) und schreibe eine Antwort (A) auf.

a) 54 Kinder haben sich für das Völkerballturnier angemeldet. Sie bilden Mannschaften mit je 6 Kindern.

F: ____________________

L: ____________________

A: ____________________

b) Für den Mannschaftswettbewerb im 200-m-Lauf haben sich 18 Kinder gemeldet. Sie treten in 3er-Gruppen an.

F: ____________________

L: ____________________

A: ____________________

c) Beim Ball-Weitwurf bilden je 2 Kinder ein Team. Die Wurfweiten der beiden Kinder werden addiert. Lana und Julius haben zusammen 62 m geworfen. Beide haben genau gleich weit geworfen.

F: ____________________

L:

A: ____________________

d) Beim Seilsprung-Wettbewerb hat Lina in 3 Minuten 225 Sprünge geschafft. Ihre Freundin Luisa hat pro Minute 70 Sprünge gemeistert.

F: ____________________

L:

A: ____________________

Lies die Aufgabe und die Frage (F) genau. Markiere wichtige Angaben.
Finde dann einen Lösungsweg (L) und schreibe eine Antwort (A) auf.

Frage (F)
Lösungsweg (L)
Antwort (A)

**1** Im Tierpark Heuren leben über 600 Tiere.
Da gibt es viel zu entdecken.

a) Für die 4 Hirsche werden jeden Tag 36 kg Futter bereitgestellt.

F: Wie viele kg Futter kann jeder Hirsch am Tag fressen?

L: ______________________

A: ______________________________________________

b) Im Tierpark gibt es insgesamt 12 Abteilungen.
In der Abteilung „Kleintiere“ gibt es 6 Gehege mit je 14 Tieren.

F: Wie viele Kleintiere gibt es im Tierpark?

L:

A: ______________________________________________

c) Die 3 Elefanten brauchen rund 270 kg Futter jeden Tag.

F: Wie viel kg Futter frisst ein Elefant am Tag?

L: ______________________

A: ______________________________________________

d) Im Pferdegestüt gibt es 9 Ställe.
In jedem Stall sind 15 Araber-Pferde untergebracht.

F: Wie viele Pferde gibt es im Gestüt?

L:

A: ______________________________________________

**1** Lies die Aufgabe genau und finde eine Frage (F). Markiere wichtige Angaben.
Finde dann einen Lösungsweg (L) und schreibe eine Antwort (A) auf.

a) Für die Rundfahrt mit dem „Tierpark-Taxi“, das von 2 Ponys gezogen wird, haben sich 72 Personen angemeldet. Im „Tierpark-Taxi“ haben 9 Personen Platz.

F: ______________________________

L: ______________________________

A: ______________________________

b) 5-mal am Tag gibt es auch Parkführungen. An einer Parkführung können höchstens 15 Personen teilnehmen. Heute sind alle Führungen ausgebucht.

F: ______________________________

L:

A: ______________________________

______________________________

c) Im Tierpark kann man auch Ferienhäuser mieten. 13 Häuser sind für 4 Personen ausgestattet, in 2 Häusern können sogar 6 Personen Urlaub machen. Die Übernachtung im 4-Personen-Haus kostet 200 €, im 6-Personen-Haus kostet sie 240 €.
Familie Keller (2 Erwachsene und 3 Kinder) möchte vier Nächte im Tierpark bleiben.

F: ______________________________

L:

A: ______________________________

______________________________

**Ricos Einmaleins-Training 9:** Wie viele Aufgaben schaffst du in 1 Minute?

| | | |
|---|---|---|
| $3 \cdot 3 =$ | $6 \cdot 7 =$ | $7 \cdot 2 =$ |
| $4 \cdot 7 =$ | $3 \cdot 2 =$ | $6 \cdot 6 =$ |
| $7 \cdot 9 =$ | $6 \cdot 9 =$ | $2 \cdot 5 =$ |
| $9 \cdot 4 =$ | $5 \cdot 3 =$ | $8 \cdot 6 =$ |
| $8 \cdot 5 =$ | $8 \cdot 8 =$ | $5 \cdot 4 =$ |

In 1 Minute habe ich ______ Aufgaben richtig gerechnet.

**Teiler von 12**

| | |
|---|---|
| 12 : (1) = 12 | 12 : 7 = 1 R 5 |
| 12 : (2) = 6 | 12 : 8 = 1 R 4 |
| 12 : (3) = 4 | 12 : 9 = 1 R 3 |
| 12 : (4) = 3 | 12 : 10 = 1 R 2 |
| 12 : 5 = 2 R 2 | 12 : 11 = 1 R 1 |
| 12 : (6) = 2 | 12 : (12) = 1 |

Die Teiler von 12 sind: 1, 2, 3, 4, 6 und 12

**1** Dividiere und kreise die Teiler ein.

a) Finde die Teiler von 9.

9 : (1) = ______ ______

9 : 2 = ______ ______

9 : ______ ______

______ ______

______

Die Teiler von 9 sind: ______

b) Finde die Teiler von 10.

______ ______

______ ______

______ ______

______ ______

______ ______

Die Teiler von 10 sind: ______

**2** Schreibe nur die Aufgaben auf, bei denen kein Rest bleibt.

a) Teiler von 20

20 : 1 = ______ ______

20 : 2 = ______ ______

20 : 4 = ______ ______

Die Teiler von 20 sind:

______

b) Teiler von 18

______ ______

______ ______

______ ______

Die Teiler von 18 sind:

______

c) Teiler von 15

______ ______

______ ______

Die Teiler von 15 sind:

______

d) Teiler von 11

______

______

Die Teiler von 11 sind:

______

**Vielfache von 6**

1 · 6 = 6
2 · 6 = 12
3 · 6 = 18
4 · 6 = 24

Die Vielfachen einer Zahl sind die Ergebnisse von Multiplikationsaufgaben dieser Zahl.

Vielfache von 6 sind: 6, 12, 18, 24, 30, …

**1** Schreibe die ersten 12 Vielfachen auf.

a) Vielfache von 6: 6, 12, 18, ________________

b) Vielfache von 8: 8, 16 ________________

c) Vielfache von 3: 3, ________________

**2** Umkreise Vielfache in der Hundertertafel und schreibe gemeinsame Vielfache auf.

a) Umkreise alle Vielfachen von 3 mit Rot.

b) Umkreise alle Vielfachen von 7 mit Blau.

c) Schreibe alle Zahlen auf, die Vielfaches von 3 und auch Vielfaches von 7 sind.

________________

| | | | | | | | | | |
|---|---|---|---|---|---|---|---|---|---|
| 1 | 2 | 3 | 4 | 5 | 6 | 7 | 8 | 9 | 10 |
| 11 | 12 | 13 | 14 | 15 | 16 | 17 | 18 | 19 | 20 |
| 21 | 22 | 23 | 24 | 25 | 26 | 27 | 28 | 29 | 30 |
| 31 | 32 | 33 | 34 | 35 | 36 | 37 | 38 | 39 | 40 |
| 41 | 42 | 43 | 44 | 45 | 46 | 47 | 48 | 49 | 50 |
| 51 | 52 | 53 | 54 | 55 | 56 | 57 | 58 | 59 | 60 |
| 61 | 62 | 63 | 64 | 65 | 66 | 67 | 68 | 69 | 70 |
| 71 | 72 | 73 | 74 | 75 | 76 | 77 | 78 | 79 | 80 |
| 81 | 82 | 83 | 84 | 85 | 86 | 87 | 88 | 89 | 90 |
| 91 | 92 | 93 | 94 | 95 | 96 | 97 | 98 | 99 | 100 |

**3** Schreibe die ersten 12 Vielfachen auf.

a) Vielfache von 2: ________________

b) Vielfache von 5: ________________

**4** Schreibe die gemeinsamen Vielfachen von 2 und von 5 auf. Wie geht es weiter?

________________

**1** Ergänze.

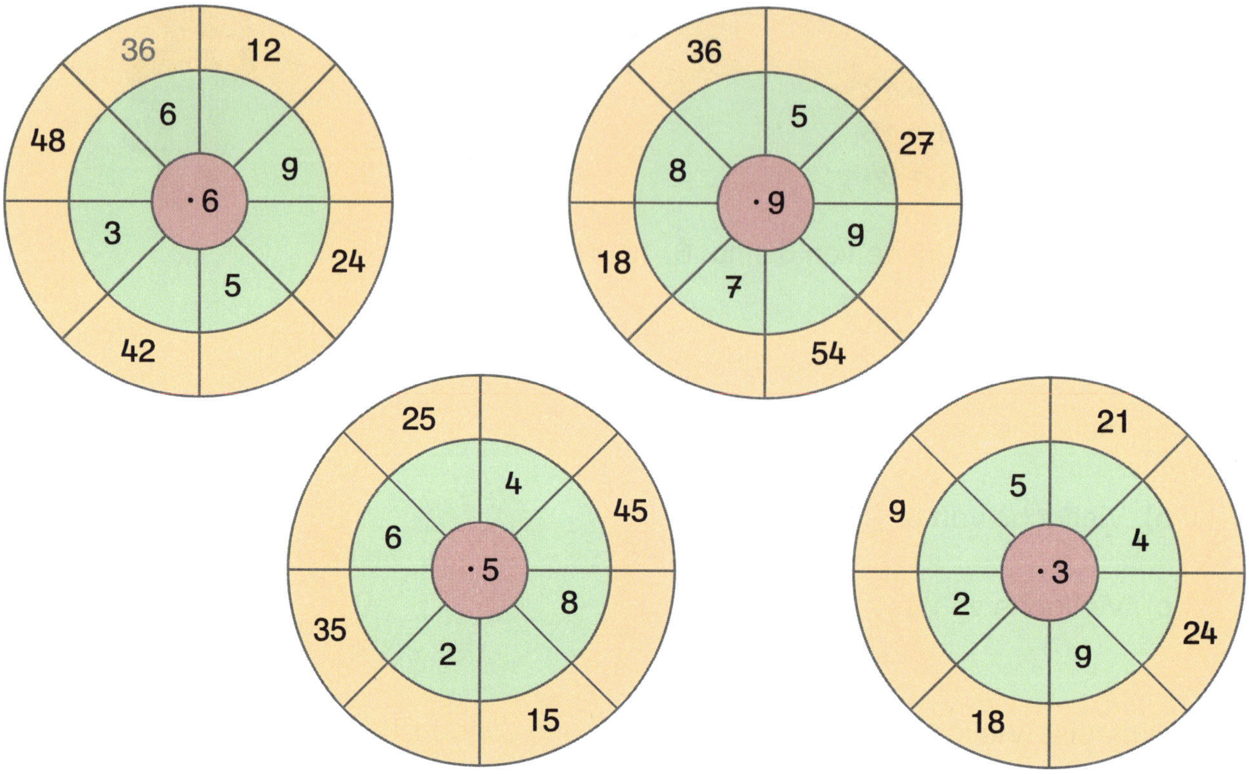


**2** Rechne.

| · | 3 | 5 | 6 | 7 | 9 | 10 |
|---|---|---|---|---|---|---|
| 3 | | | | | | |
| 7 | | | | | | |

| : | 6 | 4 | 3 | 2 |
|---|---|---|---|---|
| 24 | | | | |
| 36 | | | | |

**3** Ergänze.

a)

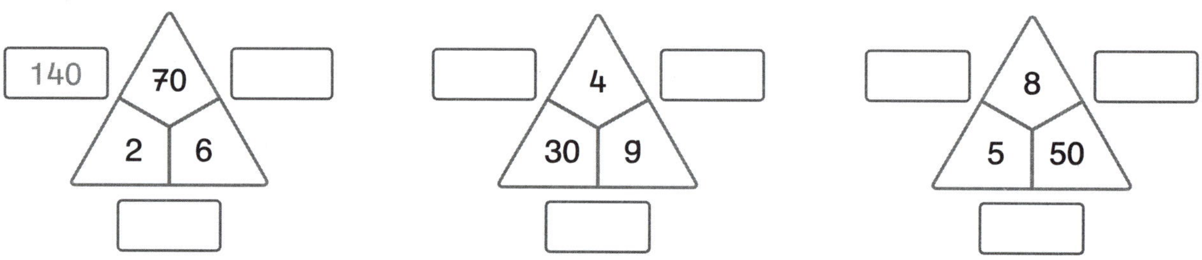


b)

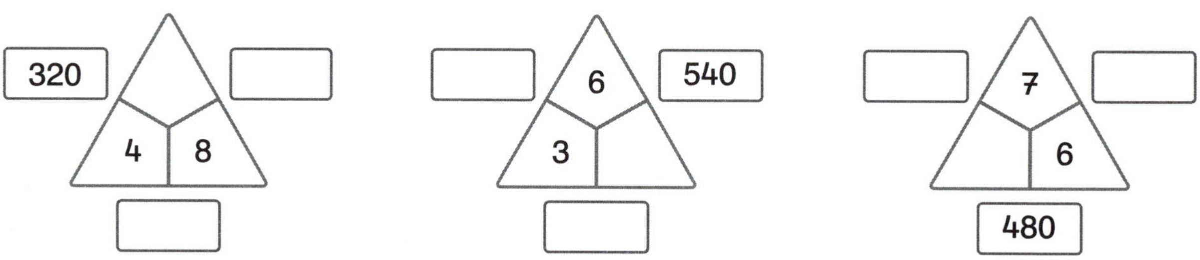

**1** Finde die fehlende Zahl und schreibe immer 4 Aufgaben.

| ☐ | 6 | 240 |
|---|---|---|
| ☐ · ☐ = ☐ | | |
| ☐ · ☐ = ☐ | | |
| ☐ : ☐ = ☐ | | |
| ☐ : ☐ = ☐ | | |

| 540 | ☐ | 60 |
|---|---|---|
| ☐ · ☐ = ☐ | | |
| ☐ · ☐ = ☐ | | |
| ☐ : ☐ = ☐ | | |
| ☐ : ☐ = ☐ | | |

| 7 | 350 | ☐ |
|---|---|---|
| ☐ · ☐ = ☐ | | |
| ☐ · ☐ = ☐ | | |
| ☐ : ☐ = ☐ | | |
| ☐ : ☐ = ☐ | | |

**2** Multipliziere in Schritten.

6 · 53 =
 · =
 · =

3 · 86 =
 · =
 · =

8 · 48 =
 · =
 · =

29 · 5 =
 · =
 · =

34 · 7 =
 · =
 · =

97 · 4 =
 · =
 · =

**3** Dividiere in Schritten.

96 : 8 =
 : =
 : =

135 : 9 =
 : =
 : =

119 : 7 =
 : =
 : =

**Ricos Einmaleins-Training 10:** Wie viele Aufgaben schaffst du in 1 Minute?

| | | |
|---|---|---|
| 5 · 2 = ☐ | 2 · 3 = ☐ | 9 · 4 = ☐ |
| 7 · 5 = ☐ | 6 · 4 = ☐ | 7 · 6 = ☐ |
| 4 · 8 = ☐ | 4 · 5 = ☐ | 5 · 9 = ☐ |
| 10 · 6 = ☐ | 8 · 8 = ☐ | 8 · 3 = ☐ |
| 3 · 9 = ☐ | 5 · 7 = ☐ | 4 · 7 = ☐ |

In 1 Minute habe ich ______ Aufgaben richtig gerechnet.

**1** Rico Schnabel ist ein Schnabeltier.
Finde die Informationen über Schnabeltiere mithilfe der Aufgaben.

Rechne und setze die Buchstaben bei den Lösungszahlen ein.

a)

| | | |
|---|---|---|
| 4 · 15 = ☐ R | 5 · 17 = ☐ I | 9 · 12 = ☐ U |

| | | | |
|---|---|---|---|
| 3 · 12 = ☐ L | 7 · 11 = ☐ E | 8 · 13 = ☐ A | 6 · 14 = ☐ S |

| | | |
|---|---|---|
| 9 · 16 = ☐ A | 4 · 19 = ☐ T | 5 · 18 = ☐ N |

Schnabeltiere leben in ☐☐☐☐☐☐☐☐☐☐.

| 144 | 108 | 84 | 76 | 60 | 104 | 36 | 85 | 77 | 90 |
|---|---|---|---|---|---|---|---|---|---|
| | | | | | | | | | |

b)

| | | |
|---|---|---|
| 35 : 5 = ☐ E | 18 : 9 = ☐ W | 28 : 2 = ☐ N |
| 72 : 8 = ☐ B | 42 : 7 = ☐ R | 32 : 8 = ☐ R |
| 44 : 4 = ☐ B | 60 : 6 = ☐ K | 24 : 3 = ☐ E |

| | | | |
|---|---|---|---|
| 21 : 7 = ☐ Ü | 39 : 3 = ☐ A | 45 : 9 = ☐ M | 72 : 6 = ☐ R |

Sie fressen ☐☐☐☐☐☐☐ und ☐☐☐☐☐☐.

| 10 | 4 | 13 | 9 | 11 | 7 | 14 |
|---|---|---|---|---|---|---|
| | | | | | | |

| 2 | 3 | 6 | 5 | 8 | 12 |
|---|---|---|---|---|---|
| | | | | | |

c)

| | | |
|---|---|---|
| 5 · 40 = ☐ Z | 50 · 6 = ☐ Ü | 450 : 9 = ☐ I |

| | | | |
|---|---|---|---|
| 9 · 70 = ☐ N | 280 : 4 = ☐ F | 6 · 30 = ☐ G | 320 : 8 = ☐ F |

Schnabeltiere werden etwa ☐☐☐☐☐☐☐ cm lang.

| 70 | 300 | 630 | 40 | 200 | 50 | 180 |
|---|---|---|---|---|---|---|
| | | | | | | |